細編みでぐるぐる
ビーズ編みのがま口とこもの

松本かおる

Introduction

はじめに ...

ビーズ編みのがま口は、そのビーズの色や大きさ、
組み合わせる糸の色、柄など、少し変えるだけでさまざまな作品ができ上がります。
ビーズだけ、糸だけで見ているより、組み合わせて編んでみると、
想像していたでき上がりと違ったりして、編んでいる途中もワクワクします。
今はビーズも糸もたくさんの色があります。
いろいろな組み合わせを楽しんで、自分だけの宝物をつくってください。

松本かおる

●本誌掲載の手編み作品はクロバーかぎ針・レース針を使用しています

この本に関するご質問は、お電話またはWebで
書名／細編みでぐるぐる　ビーズ編みのがま口とこもの
本のコード／NV70220
編集担当／鈴木博子
Tel：03-5261-5084（平日13:00〜17:00受付）
Webサイト「日本ヴォーグ社の本」http://book.nihonvogue.co.jp/
※サイト内"お問い合わせ"からお入りください。（終日受付）
（注）Webでのお問い合わせはパソコン専用となります。

（p.42）がま口の「口金のつけ方」ポイント動画を無料配信！
http://www.tsukuru.tv/book/70220/

本誌に掲載の作品を、複製して販売（店頭、ネットオークション等）することは禁止されています。手づくりを楽しむためにのみご利用ください。

Contents

単色ビーズの
がま口

1 ドット…p.6 
2 ストライプ…p.8

8 ビーズきらきら…p.14 
9 ビーズきらきら…p.14 
10 ビーズきらきら…p.14

15 編み込みドット…p.19 
16 ブロックチェック…p.20 
17 2枚合わせのフラワー…p.22

22 ドットとてんとう虫…p.28
23 ドットとてんとう虫…p.28 
24 赤い花…p.30 

ビーズ編みの
アクセサリー

30 手裏剣…p.53
31 ブロック…p.53

Lesson

はじめる前に…p.32
材料と用具
編み糸にビーズを通す

ビーズ編みをする…p.34
単色のビーズ編み
2色ビーズの編み込み
多色ビーズ使い

知っておきたい、ビーズ編みのいろいろ
〈基礎編〉…p.38
編み図の見方
"細編みのすじ編み" で編む
編み始めの1〜2段めは
段の境い目に糸印を
段の境い目の模様
編み終わりの目の止め方
糸始末

がま口を仕立てる…p.40
中袋を作る
口金をつける

もっと知りたい、ビーズ編みのいろいろ
〈応用編〉…p.44
ビーズと糸の関係
ビーズボール
ビーズステッチで葉っぱモチーフ
お気に入りのチャームをストラップにする

3
○＋…p.9

4
レースペーパー風…p.10

5
レースペーパー風…p.11

6
葉っぱ…p.12

7
葉っぱ…p.13

11
クラウン…p.16

12
クラウン…p.17

13
クラウン…p.17

2色ビーズの編み込みがま口

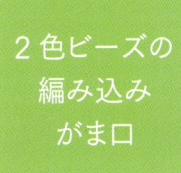
14
編み込みドット…p.18

18
2枚合わせのフラワー…p.22

多色ビーズ使いのがま口

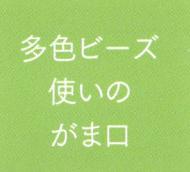
19
カラフルドット…p.24

20
カラフルドット…p.24

21
アーガイル…p.26

小さなビーズ編みこもの

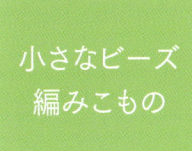
25〜27
小さな巾着…p.46

28
レーシーコースター…p.48

29
ぐるぐるコースター…p.49

32
カラフル◎…p.54

33
雪柄ピン…p.55

34
シュシュ…p.56

35
パッチンどめ…p.56

36
バレッタ…p.58

単色ビーズのがま口

1本の糸に1色のビーズを通して、ひたすら細編みでぐるぐる編みます。
ビーズで模様を描くので、ビーズを入れるタイミングを逃さないように。

1 | ドット

DMC コットンパール 8 番糸 × MIYUKI デリカビーズ
編み方…65 ページ

2 | ストライプ

DMC コットンパール8番糸 × MIYUKI デリカビーズ
編み方…66ページ

3 | ○+
DMC コットンパール8番糸× MIYUKI デリカビーズ
編み方…67ページ

4.5 レースペーパー風

4 DMC セベリア10番× MIYUKI デリカビーズ M
5 DMC コットンパール8番糸× MIYUKI デリカビーズ
編み方…68ページ

6.7 葉っぱ

6 DMC バビロ 10 番 × MIYUKI デリカビーズ M
7 DMC セベリア 20 番 × MIYUKI デリカビーズ
編み方…69 ページ

8.9.10 | ビーズきらきら

8 DMC コットンパール8番糸×MIYUKI デリカビーズ
9 DMC パピロ10番×MIYUKI 丸小ビーズ
10 DMC セベリア10番×MIYUKI デリカビーズM
編み方…70ページ

11.12.13 | クラウン

DMC セベリア 10 番 × MIYUKI 丸小ビーズ
編み方…72 ページ

11

2色ビーズの編み込みがま口

2本の糸にそれぞれのビーズを通して細編み編み込みで模様をつくります。
編み込み部分の渡り糸は編みくるんで見えなくなります。

14

14.15 編み込みドット

DMC コットンパール8番糸 × MIYUKI デリカビーズ
編み方…73ページ

15

16 | ブロックチェック

DMC セベリア 10 番 × MIYUKI デリカビーズ M
編み方…74 ページ

17.18 | 2枚合わせのフラワー

DMC コットンパール8番糸× MIYUKI デリカビーズ
編み方…76ページ

多色ビーズ使いのがま口

模様の編み終わりから順にビーズを通しておき、ひたすらビーズを編み入れます。
部分的に編み込みと組み合わせればデザインの幅も広がります。

19

20

19.20 カラフルドット

DMC コットンパール8番糸 × MIYUKI デリカビーズ
編み方…60ページ

21 アーガイル
DMC バビロ 10 番、セベリア 10 番× MIYUKI デリカビーズ M
編み方…61 ページ

22 | ドットとてんとう虫
〈部分ビーズ〉
DMC セベリア 20 番 × MIYUKI デリカビーズ
編み方…62 ページ

23 | ドットとてんとう虫
〈全部ビーズ〉
DMC コットンパール 8 番糸 × MIYUKI デリカビーズ
編み方…63 ページ

24 | 赤い花

DMC バビロ 10 番 × MIYUKI デリカビーズ M
編み方…64 ページ

はじめる前に

［材料と用具］

「編んでみたい！」と思ったら、まずは必要なあれこれを揃えましょう。この本で使用したビーズ編みの材料と用具を紹介します。

ビーズ
ⓐ MIYUKI デリカビーズ
外径約 1.6mm (11/0)
ⓑ MIYUKI デリカビーズ M
外径約 2.2mm (10/0)
円筒形タイプのガラスビーズ。形状が均一で穴が大きく、糸通りもスムーズなためビーズ編みに最適。多彩に取り揃えられた幅広いカラー展開が魅力です。
ⓒ MIYUKI 丸小ビーズ
外径約 2mm (11/0)
柔らかな雰囲気を持つ丸いドーナツ状のビーズ。色も豊富で使いやすく、最も手に入りやすい定番のビーズです。

ビーズマット
毛足が長くて弾力があるのでビーズが浮いたような状態になります。ビーズがこぼれてもはねたり転がったりせずに、見つけやすくて拾いやすい便利なアイテム。フェルトなどで代用してもOK。

針
ビーズ針
ビッグアイニードル
とじ針
糸にビーズを通したり、糸端の始末をしたり、口金をつけたりと、用途に応じて使い分けましょう。

糸
DMC コットンパール 8番糸
刺しゅう糸8番糸。ビーズの色味に合わせて選べる刺しゅう糸ならではの豊富なカラーバリエーションがうれしい。
DMC バビロ 10番、20番
DMC セベリア 10番、20番
光沢感のある鮮やかな色味としなやかな編み心地が特徴の贅沢なレース糸。

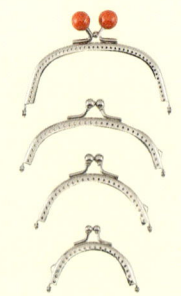

口金
この本では縫い穴のある縫いつけタイプの口金を使用しています。
MIYUKI 10cm くし型ビーズ穴口金
トーカイ 口金 9cm幅、7.5cm幅、6cm幅

レース針
糸の太さに合った針を選びます。本では、コットンパール8番糸とセベリア・バビロの20番にはレース針4号を、セベリア・バビロの10番にはレース針2号を使用しています。

はさみ
先が細くて切れ味のよい手芸用のはさみが便利です。

［編み糸にビーズを通す］

"ビーズ編み"だから編み始める前に、糸にビーズを通しましょう。小さなビーズを1粒1粒、数えながら糸に通していくのはひと苦労ですが、ここはひとつ神経を集中させましょう。早く編みたい、ワクワクする気持ちが膨らみます。

その1 ●ビッグアイニードルを使う
針の中央に大きな切れ目が入っている便利なビーズ通し針です。

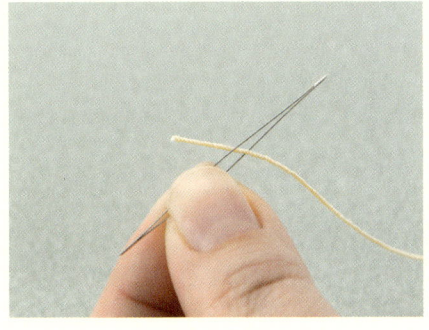
1. 針の中央の切れ目を広げて糸を入れます。

2. 針先からビーズを拾っていきます。

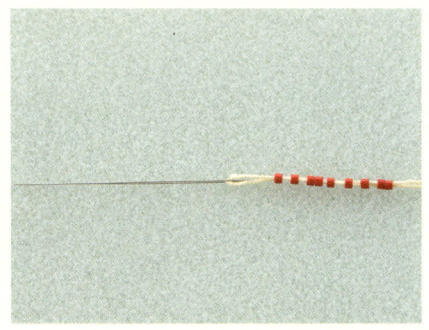
3. ビーズを針から糸へと送っていきます。

その2 ●ビーズ針とミシン糸を使う
糸を2つに折っていないので、糸2本が入らないような穴の小さなビーズを通す場合は、この方法がおすすめ。

1. 刃先でこそげるように糸端を切ります。

2. 毛羽立った糸端にミシン糸を添わせてボンドでつけます。

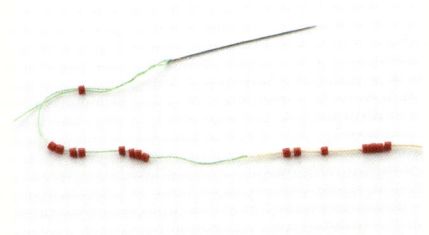
3. ミシン糸にビーズ針をつけてビーズを通していきます。

ビーズ編みをする ［単色のビーズ編み］

1本の糸に1色のビーズを通して、ひたすら細編みのすじ編みでぐるぐると編みます。
編み図の位置でビーズを編み入れて柄を作っていきます。
ビーズ編みは裏側にビーズが出るので、編み地の裏を表側に使用します。

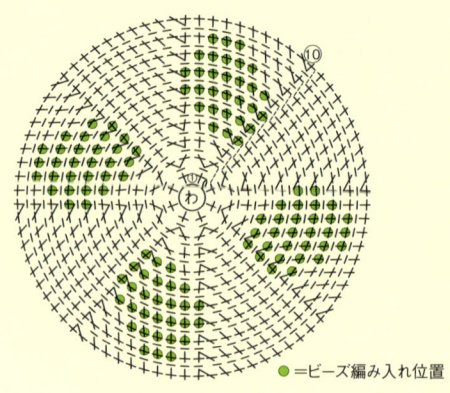

●=ビーズ編み入れ位置

ポイント！
ビーズの個数が多い場合は2～3mくらいずつ、何度かに分けて通しましょう

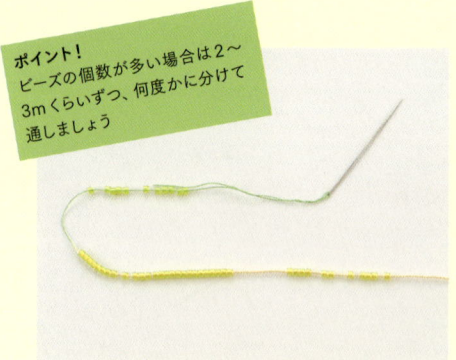

1. 糸に必要数のビーズを通します。

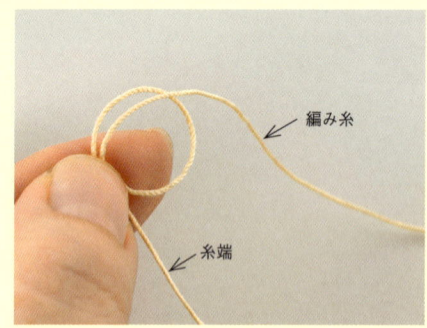

2. 糸端で輪を作る作り目をします。

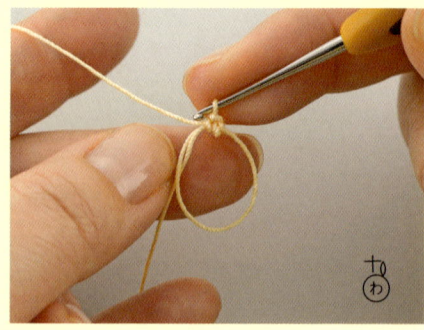

3. 作り目の輪から糸を引き出し、立ち上がりの鎖1目と細編みを編みます。立ち上がりの鎖は1段めのみ編みます。

4. 細編みを8目編み、糸端を引いて作り目の輪を締めます。

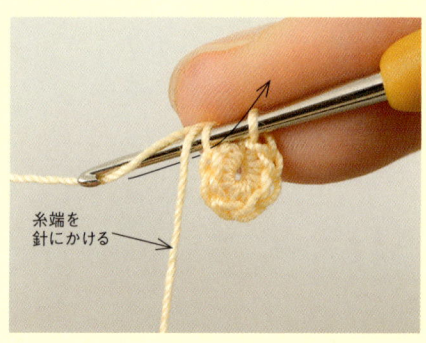

5. 続けて2段めを編みます。2段めからは前段の目の向こう側半目に針を入れ、作り目の糸端をくるみながら細編みのすじ編みで編みます。

6. 2段めは1目に2目ずつ編み入れます。

7. 2段めが編めました。作り目の糸端を1周編みくるみます。

糸端または別糸

8. 作り目の糸端を編み地の向こう側にして3段めを編みます。糸端は段の境い目の糸印にします。
※ 写真では見やすいように別糸を入れています

9. 4段めからビーズを入れます。前段の向こう側半目に針を入れて糸を引き出し、ビーズを送ります。

10. 糸をかけて針にかかる2ループを引き抜きます。ビーズを1目編み入れました。

11. 3目続けてビーズを編み入れます。ビーズは編み地の裏側に出ます。

12. 4段めが編めました。

13. 編み地の裏側です。3目ずつ4カ所にビーズが入りました。

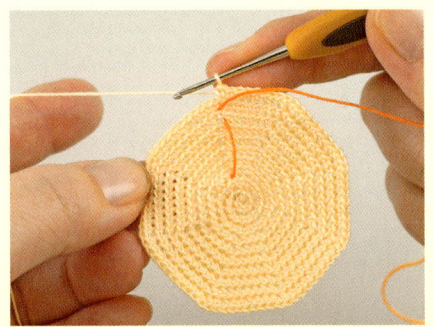

14. 10段めまで編みました。段の境い目の糸印は編み地の手前側、向こう側と交互に挟んでいきます。

15. 編み地の裏側です。ビーズのドット模様が編み込まれています。

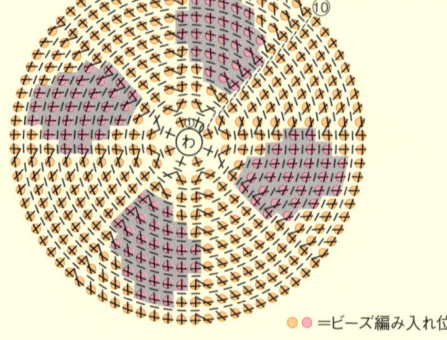

●●=ビーズ編み入れ位置

[2色ビーズの編み込み]

糸を2本（同色または2色）、ビーズ2色をそれぞれの糸に通して細編み編み込みの要領でビーズを編み入れていきます。編み込みの渡り糸は編みくるみます。少しのコツはありますが、間違えても編み目をほどけばよいので気がラクです。

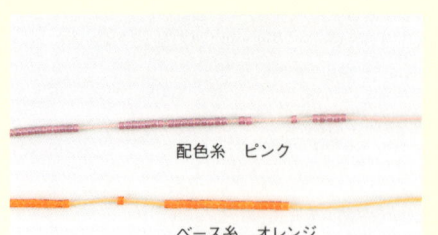

1. それぞれ指定の糸に必要数のビーズを通します。ビーズの個数が多い場合は2〜3ずつ、何度かに分けて通しましょう。

2. ベース糸のオレンジでビーズを編み入れながら3段編みます。1、2段めは図の8目にビーズを編み入れません。

3. 4段めは配色糸を入れます。ベース糸のオレンジを針にかけて配色糸のピンクを矢印のように引き出します。

ポイント！
この時、編みくるんだ糸1本分で編み目の高さが出てしまうので細編みの足を短めに編みます

4. 配色糸でピンクのビーズを入れて編みます。

5. ベース糸を編む時は配色糸を、配色糸を編む時はベース糸をくるんで編みます。

6. 10段めまで編みました。編み地の裏側にビーズ編み込みのドット模様が出ます。

[多色ビーズ使い]

編み入れるビーズをすべて模様の順に通してから編み始めます。ビーズを全部通したら、ひたすら編めばよいのですが、通し間違いがあると模様がずれてしまうので注意しましょう。

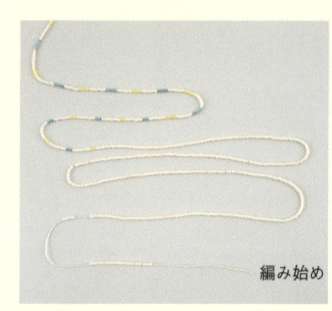

1. 編み終わりから順に糸にビーズを通していきます。糸玉側には編み終わりのビーズ、糸端側は編み始めのビーズです。

2. 輪の作り目をし、1段めは1目置きにビーズを入れて8目編みます。

3. 2段めは増し目です。「1目ビーズを入れずに編み、3目ビーズを入れて編む」をくり返して編みます。3段めからは全目にビーズを入れて編みます。

SOS

こんな時、どうしたらよいですか!?

1目1目気をつけて編んでいたはずなのに…。
ビーズを多く編み入れていたり、足りなかったりと、よくあるミスのお助けテクニック。
ほどく前に試してみる価値はありますよ。

※ 多色ビーズ使いの通し間違いは、一度糸を切ってビーズを通し直してから編むことをおすすめします。

● 1目にビーズが2個入ってしまった

2個入ってしまったうちのビーズ1個を壊して取り除く方法です。

ポイント！
ビーズはガラスです。壊した時に飛び散った破片などで怪我をしないように注意しましょう

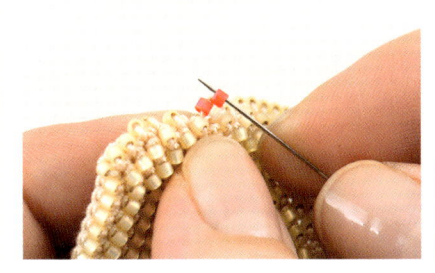

1. 取り除くビーズに針を入れて引き上げ、糸からビーズを浮かせます。

2. 糸を傷つけないようニッパーで写真のようにビーズを挟み、ビーズを壊して取り除きます。

3. 2個入っていたビーズのうち1個がなくなりました。弛んだ糸を裏に引いて編み地を整えます。

● ビーズを入れ忘れてしまった

入れ忘れてしまった位置に、後からビーズをステッチします。

※ 写真では見やすいように糸とビーズの色をかえています。実際は編み糸と同色の糸を使用します

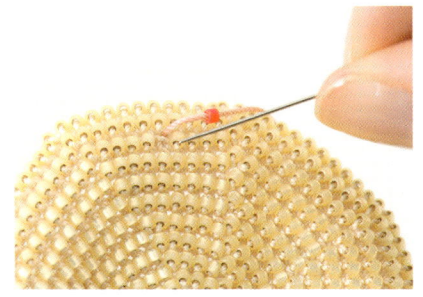

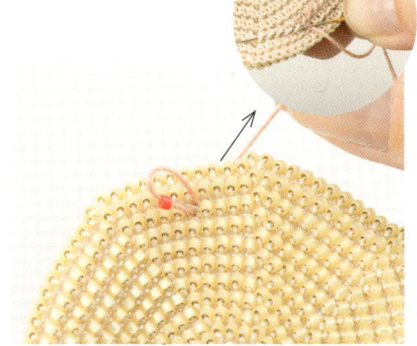

1. 編み地の裏側から針を入れて、ビーズを入れ忘れた位置に出します。

2. 糸にビーズを通して隣のビーズと並ぶように編み地の裏へ針を出します。

3. 裏側に糸を引いてビーズの位置を整えます。ステッチした糸は編み目のすじにくぐらせて始末します。

知っておきたい、ビーズ編みのいろいろ〈基礎編〉

編み進めているうちにふと浮かぶ「なぜ?」「どうして?」「どうするの?」にお答えします。

●編み図の見方

一般的に、作品の編み図は表から見た状態を図にしています。しかし、ビーズ編みは編み地の裏側にビーズが出るので、ビーズの出ない編んでいる面から見た図で書かれています。作品では編み図のように編み、その編み地の裏側を表に使用していることになります。そのため、自分で模様デザインをする場合、ドットやブロックといった左右が対称な模様の場合は問題ありませんが、イニシャルなどの文字や順番のある模様を作りたい場合は、左右を反転して図に起こす必要があります。

●"細編みのすじ編み"で編む

細編みのすじ編みは、前段の目の向こう側半目1本を拾って細編みを編みます。通常の細編みは前段の目の2本を拾って編まれていて、半目拾いに比べて編み目の高さがほんの少しですが短く、その分しっかりとした編み地になります。そのため、特にデリカビーズのように高さのあるビーズを通常の細編みで編み込むと、ビーズ同士の間には余裕がなくなり、ぎっちりとビーズで埋め尽くされた伸縮のない編み地となってしまいます。そんながま口では編むのも、仕上げも、使っていても扱いにくいものです。これらの理由からビーズと編み目の大きさのバランスを考えて、半目拾いの細編みのすじ編みで編んでいます。

●編み始めの1～2段めは

編み地全体にビーズを編み込むデザインでも、編み始めの1～2段めは全目にはビーズを入れません。1段めは1目置き、2段めは3目置きにビーズを入れずに編みます。これは、編み始めの中心の円が小さいのでビーズ同士がぶつかって編み込まれるのを防ぐためです。また、同様に増し目位置などもビーズ同士が密集しがちなので気をつけて編みましょう。

●● =ビーズ編み入れ位置

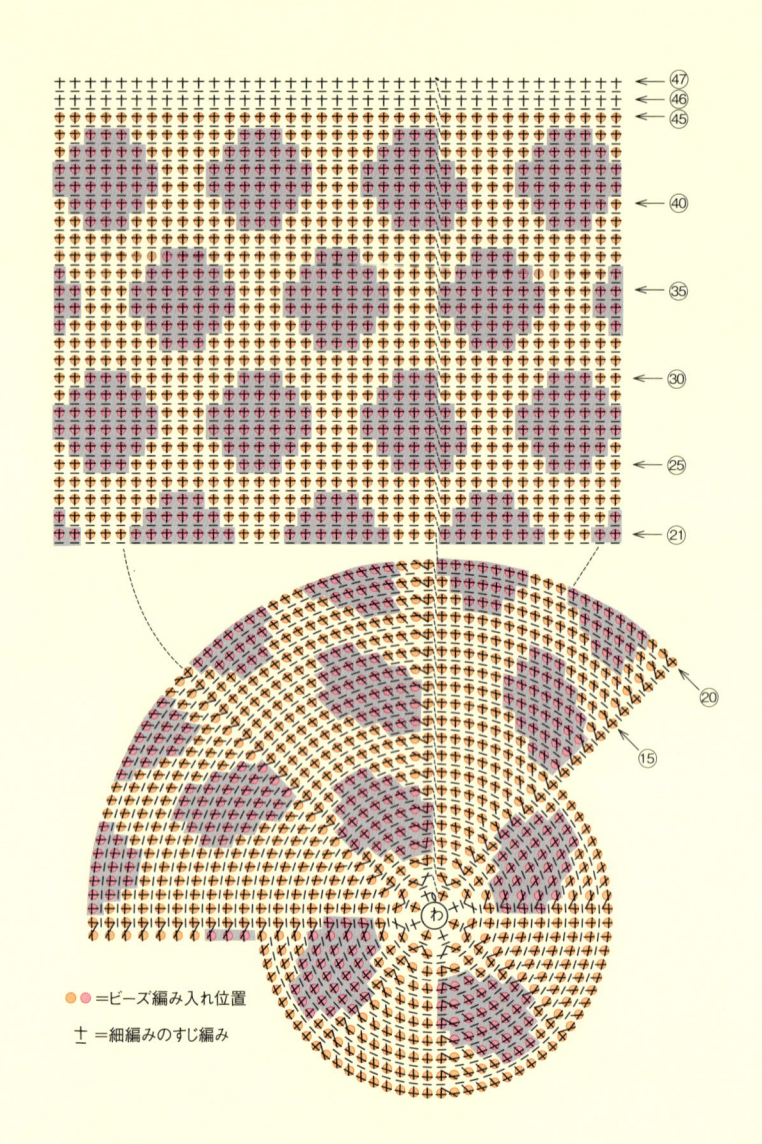

十 =細編みのすじ編み

図は編む面を見た状態で書かれています。
ビーズは編み地の裏側に出るので、裏側を表に使用します。

● 段の境い目に糸印を

作品では2段めから立ち上がりをつけずにぐるぐると編みます。すると、編み進めるうちに、編み始めと終わりの段の境い目が分からない…!? という状態になりがちです。そんな時は編み始めに糸端を20cm程残して作り目をし、数段置きに段の境い目に糸端を挟み込んで糸印にします。最終段まで編み終わったら、糸端を引き抜いて始末します。残す糸端が短くて足りない場合は別糸を入れてもよいですが、引き抜いた時に糸の繊維が残るといけませんので、編み糸と同じ色の使用をおすすめします。

● 段の境い目の模様

立ち上がりをつけずにぐるぐる編む場合、段は1段違っていても編み始めと終わりの目は続けて編まれています。模様のくり返しの関係で段の境い目に模様が入る場合、単純に段の終わりまで1模様をくり返すと、編み始めと終わりにかかる模様の途中に段差ができてしまいます。そのため、段の編み終わりの模様では、図のように編み始め側に合わせた1段先の操作をします。これにより、模様がずれることなくキレイにつながって編むことができます。

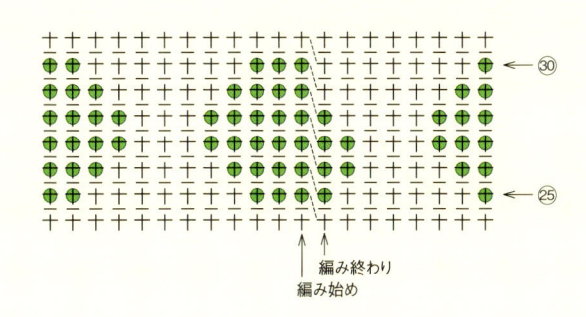

● 編み終わりの目の止め方

※ 写真では見やすいように糸端の色をかえています

1. 糸端をとじ針に通し、編み始めの2目めに針を入れます。

2. 編み終わりの目の中に針を入れて糸を引きます。

3. 編み始めの1目めに重なるように1目作られ、段の境い目がつながります。

● 糸始末

すじ編みの残り半目に糸端をくぐらせて始末します。ビーズが編みこまれている面にひびかないようにします。

がま口を仕立てる ［中袋を作る］

本体が編めたら仕上げの作業に入ります。長く大切に使いたいから、実用面を考えて中袋をつけてあげましょう。手縫いの簡単な作業なので、お裁縫は苦手という人も大丈夫。お気に入りの布を選べば、開ける度に嬉しい気持ちです。

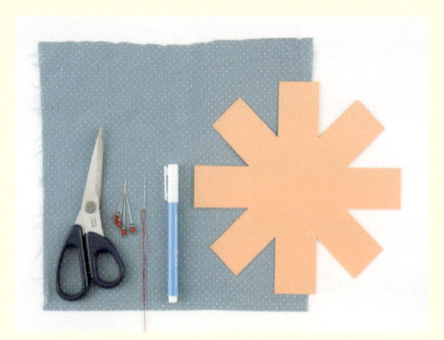

用意するもの
布（型紙の大きさ＋縫い代）
型紙
チャコペン
縫い針
縫い糸
まち針
裁ちばさみ

※ 写真では見やすいように目立つ色の糸を使用しています

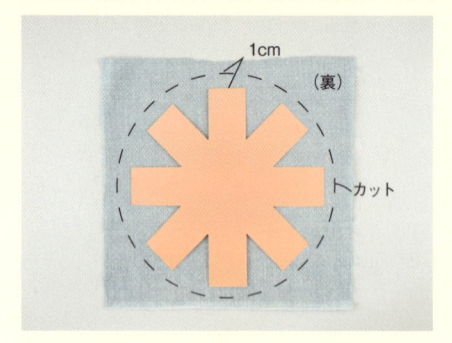

1. 布に型紙を写し取り、1cmの縫い代を加えて布を裁ちます。

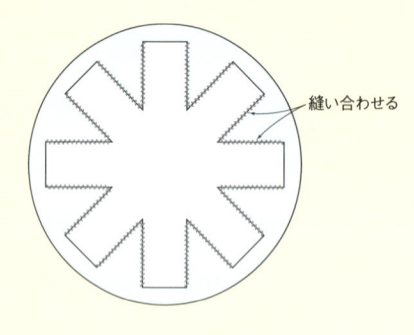

2. 隣り合う側面を合わせて布を畳み、それぞれを縫い合わせます。入れ口側はでき上がり線よりひと針余計に縫います。

3. 8カ所が縫えました。外側にポケットができます。

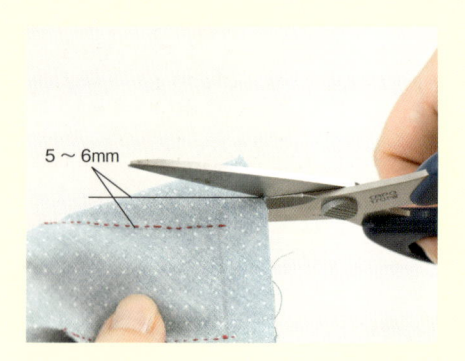

4. 縫い目から5〜6mm残してポケットを切り落とします。

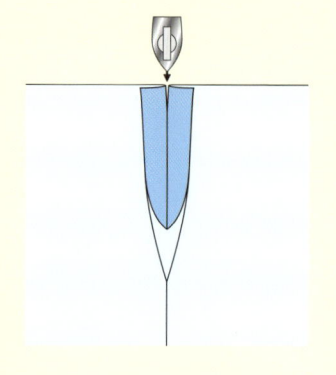

5. 切り落としたポケットの切り口を開き、アイロンをかけます。

6. 切り口を8カ所開きました。布の表が内側になります。

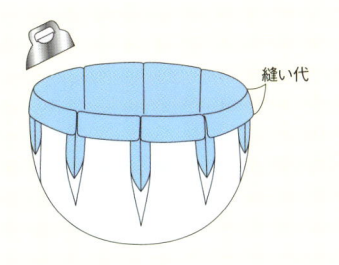

ポイント！
本体の模様も中袋も8分割で構成されているので、本体の1模様と中袋の縫い目位置を合わせればOK

7. 入れ口の縫い代分を外側へ折り、アイロンをかけます。

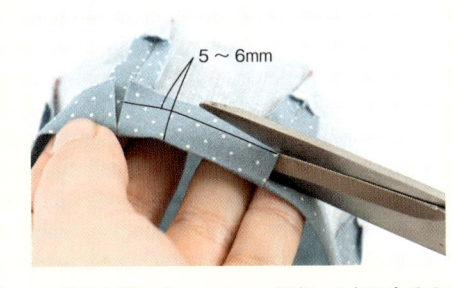

8. 折り位置から5〜6mmを残して布の余分を切り落とします。

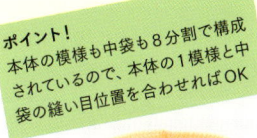

9. 中袋は表を外に返し、裏を外にした本体と写真のように合わせてまち針を均等に打ちます。

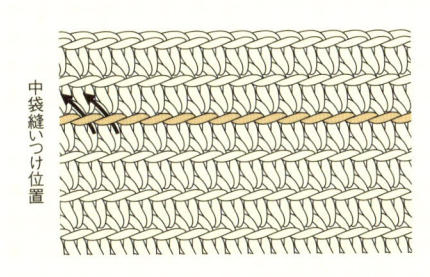

10. 図は中袋を縫いつける本体の裏です。本体の縫い代(2段)下のすじに針を入れて中袋を縫いとめます。

11. 巻きかがりの要領で本体のすじ1目1目に針を入れて縫いとめます。

12. ぐるりと1周縫えました。

本体を表に返します。
本体の内側に中袋がつきました。

●本とでき上がり寸法が変わってしまったら…

型紙は下図のように考えられています。本体の深さ(△)は型紙上で多少の変更が可能ですが、口金の縫い残し分(★)や口金の寸法(○)は変更ができません。つまり本体の入れ口側の寸法が本と違ってしまった場合、それに合わせた寸法に中袋の型紙を変えるということができません。布地の中袋は編み地と比べて伸縮がないため、型紙の寸法を変えてしまうと口金と合わなくなってしまうからです。本体が大きい場合は編み地をいせ込むようにし、小さい場合は編み地を伸ばしながら、編み地の伸縮性を利用して中袋に合わせてつけましょう。

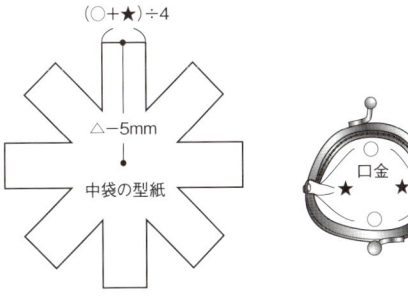

(○+★)÷4
△−5mm
中袋の型紙

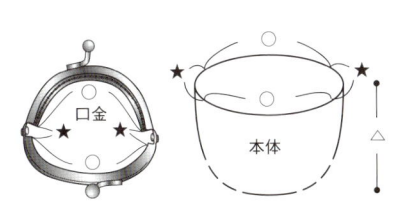

口金
本体

［口金をつける］

がま口の「口金のつけ方」ポイント動画を無料配信！
http://www.tsukuru.tv/book/70220/

本体に中袋がついたらいよいよ口金です。口金は脇の縫い残し分をはさんで2回に分けてつけます。この本では縫いつけタイプの口金を使用し、がま口の入れ口側がぷっくりと盛り上がる基本のつけ方とフラットにつく2パターンのつけ方を紹介します。

用意するもの
口金、テグス3号（強）、針、ボンド

基本のつけ方
縫い代2段分ががま口の内側に入るため、口金と本体の境い目がぷっくりと盛り上がったようになります。

口金について
げんこつ・ひねり
縫いつけ穴
高さ
リベット
幅

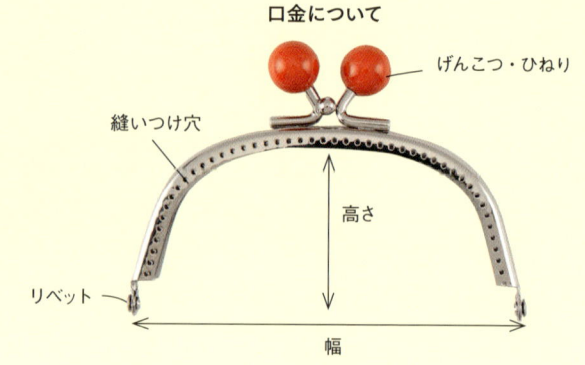

※ 使用する口金を幅の寸法で表記していますが、メーカーによっては本体とのつけ寸法が異なる場合があります。

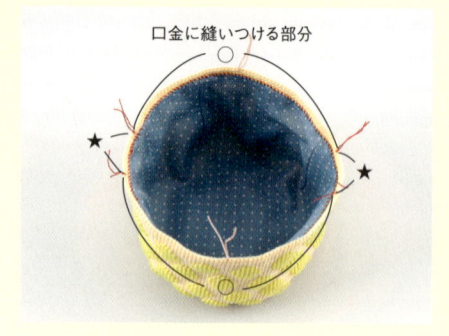

※ 写真では見やすいようにカラーテグスを使用しています

1. 口金に縫いつける部分（○）と口金の縫い残し分（★）の境い目〈赤〉、がま口の中心〈ピンク〉にそれぞれ糸印をつけます。

2. テグスを針に通し、赤い糸印から本体の1段下のすじに1cm程針を入れます。

3. 3mm程針を戻し、テグスの輪に針をくぐらせて結び目を作ります。

4. 3の結び目にボンドをつけて固めます。ここまでがテグスの端の始末です。

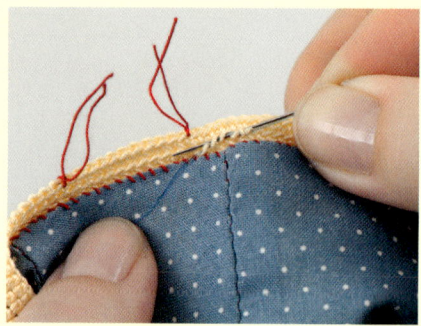

5. 赤い糸印の位置に戻り、ここから口金を縫いつけます。

6. 口金を手前、本体を向こう側に持って合わせます。赤い糸印の2段下から針を出して口金の一番端の穴に針を入れます。

42

GAMAGUCHI & KOMONO

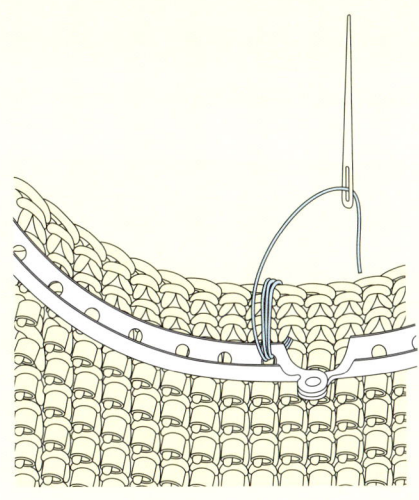

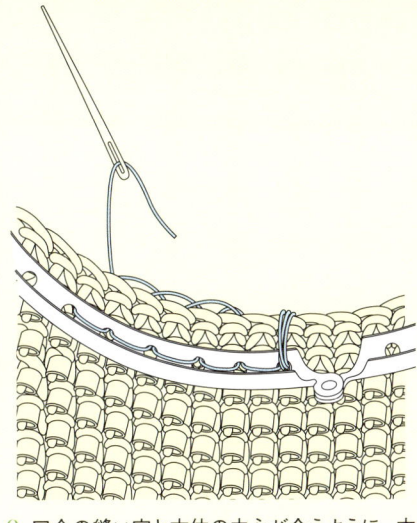

7. 縫い始めは同じ穴に2〜3回針を入れて縫いとめます。

8. 口金の縫い穴「1」→「2」へ針を入れ、「3」→「2」と戻したら「4」→「3」→「5」→「4」→「6」と半返し縫いの要領でつけていきます。

9. 口金の縫い穴と本体の中心が合うように、本体の編み目を均等に飛ばして調整します。

ポイント！
テグスには張りがあり縫い目が緩みやすく、縫いかといって1目1目を強く引いていると縫い穴に擦れて切れてしまうこともあるので、縫い終わりの仕上げに縫い目を引き締めます

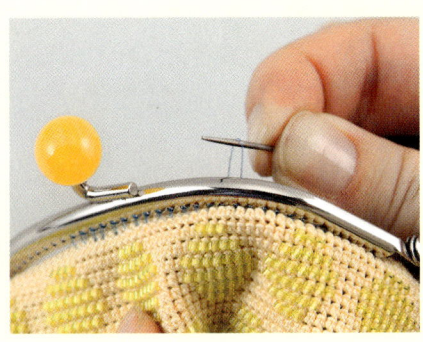

10. 本体入れ口に口金がつきました。口金の中心まで縫えたら、ずれやヨレがないか確認しましょう。

11. 口金の縫い始めから裏側に渡ったテグスを順に引いてあまりを送っていきます。

12. 端から縫ったテグスのあまりを送っていき、口金と編み地の縫い目を引き締めます。

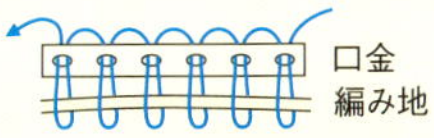

フラットにつける

口金の縫いつけ穴に本体の最終段を重ねて縫いつけます。縫い代を取らない分、口金と本体の境い目が平らになります。

1. 最終段のすじを拾い、基本と同様にテグスの端の始末（1〜4）をします。本体の最終段の頭2本をすくって針を出し、口金の端の穴に2〜3回針を入れて縫いとめます。

2. 本体を手前、口金を向こう側に持って合わせます。図のように口金の縫い穴に本体をつけていきます。

3. 口金の縫い穴と本体の中心が合うように、本体の編み目を均等に飛ばして調整しながら縫いつけます。

43
GAMAGUCHI & KOMONO

もっと知りたい、ビーズ編みのいろいろ〈応用編〉

「もっと編みたい！」「アレンジしたい」「オリジナルも作りたい」そんな気持ちをサポート！

● ビーズと糸の関係

好みのビーズと糸を用意して、さて編もう！　としたら「ビーズの穴に糸が通らない…」なんてミス、ちょっと凹みますね。通ったのはいいけど、編んでみたら「模様がいびつになった」「編み入れたビーズが動いてしまう」「ビーズの色味が変わってしまった」などなど、次から次へと問題発生。それはビーズのサイズと糸の太さ、組み合わせた色に関係があるかも知れません。

ブルー（セベリア10番×デリカビーズM）
イエロー（バビロ10番×丸小ビーズ）
ピンク（コットンパール8番糸×デリカビーズ）

糸の太さとビーズの大きさについて

右上の3個のがま口はサイズや形状の違うビーズをそれぞれに合った糸で編んでいます。編み手の加減も関係しますが、たて・横にビーズがキレイに並び、編み目の大きさとビーズのバランスが整っている状態です。また、糸とビーズのバランスが合っていない場合、均等にビーズが入らないため、描く図案によっては模様がいびつになってしまうこともあります。編み地は一例です。
ⓐ（バビロ10番×デリカビーズ）
編み目の大きさに比べてビーズが小さいため、ビーズを編み入れた地の糸が見えている
ⓑ（コットンパール8番糸×デリカビーズM）
ⓒ（コットンパール8番糸×丸小ビーズ）
編み目の大きさに比べてビーズが大きいため、隣り合うビーズがぶつかって乱れ、編み地自体もカチカチに固くなってしまう

通す糸色とビーズの見え方について

ビーズ編みはビーズの色とそれを通す糸色によって、ビーズだけで見ていた時とは印象が変わってきます。それは、ビーズの透け感やビーズとビーズの間からのぞく糸色の影響です。キレイ色のビーズを選んだつもりが、通す糸色によって沈んで見えてしまったり、逆に思いもよらないナイスな組み合わせになることも。いろいろ試して自分好みを見つけましょう。

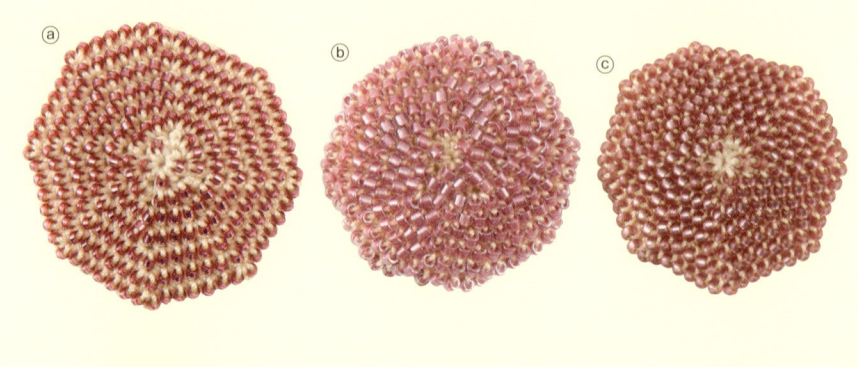

レモン色のビーズ＋赤い糸…渋めのオレンジ系

レモン色のビーズ＋黄緑の糸…黄味の強いグリーン

レモン色のビーズ＋青い糸…スモーキーなグリーン

レモン色のビーズ＋生成りの糸
…ビーズのままに近いレモン色

レモン色のビーズ＋黄色の糸…元気な濃い黄色

レモン色のビーズ（透明感のあるつや消しタイプ）

●ビーズボール

作品では巾着をしぼるひもの先につけました。ストラップの先につけてもかわいいですね。

1. 必要数のビーズを糸に通してボールを編みます。編み終わりからわたを詰めます。

2. とじ針に糸端を通して編み終わりの外側半目に針を入れます。

3. 全目に糸を通して糸端を引き絞ります。ひもの先につける時はひもの結び目をボールの中に入れてから編み終わりを引き締めます。

●ビーズステッチで葉っぱモチーフ

ビーズの通る細い針としなやかで張りのあるビーズ用の糸を使用します。

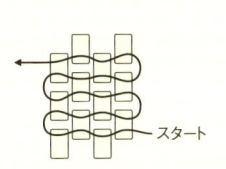

1. 糸端を30cm程残してスタートします。

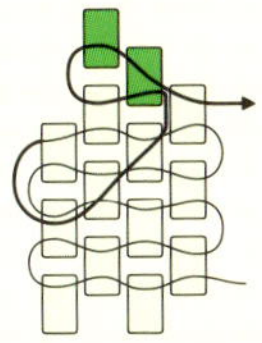

2. 残った糸はビーズの中に何回かくぐらせて始末します。

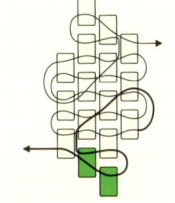

3. 下側も同じです。残った糸はビーズの中に何回かくぐらせて始末します。

でき上がりです。作品にはステッチした糸でとめつけています。

●お気に入りのチャームをストラップにする

チャームにカンやピンが通る穴があればOK。オリジナルのストラップを楽しみましょう。

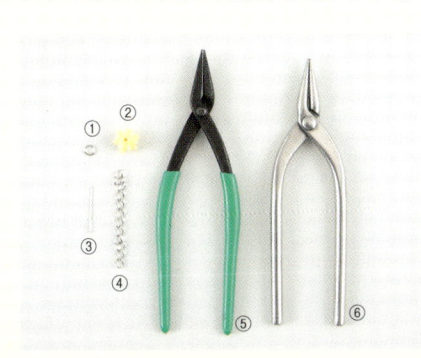

1. 用意するもの…①丸カン、②チャーム（とんぼ玉）、③Tピン、④チェーン、⑤ラジオペンチ、⑥丸ペンチ

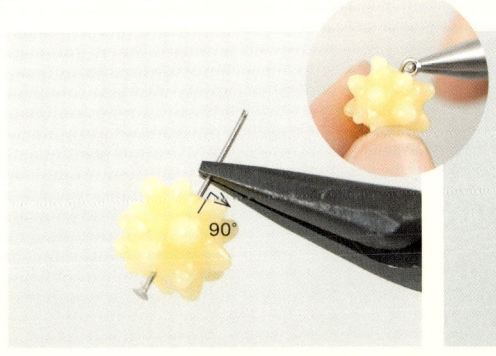

2. とんぼ玉にTピンを通してラジオペンチで直角に曲げ、丸め分を残してカットします。カットしたピンの先を丸ペンチで丸めます。

3. 広げた丸カンに2とチェーンを通して、丸カンをとじます。カンのある口金に丸カンやフックなどで取りつけます。

小さなビーズ編みこもの

初めてだけど、がま口にチャレンジ！　というのはハードル高めですよね。
まずは口金いらずの小さなビーズ編みから編んでみるのはいかがでしょう。

25.26.27 | 小さな巾着

DMC コットンパール 8 番糸 × MIYUKI デリカビーズ
編み方…25〈格子〉78 ページ、26〈ブロックチェック〉
79 ページ、27〈ツートーン〉80 ページ

47
GAMAGUCHI & KOMONO

28 | レーシーコースター

DMC セベリア 10 番 × MIYUKI 丸小ビーズ
編み方…51 ページ

29 ぐるぐるコースター

DMC セベリア 10番 × MIYUKI デリカビーズ M
編み方…51ページ

鎖編みと長編みにビーズを編み入れる

細編みだけでなく、鎖目にも長編みにもどんな編み目にもビーズを編み入れることができます。作品28では基本的に長編み1目に2個ずつのビーズを入れていますが、1段めと増し目位置はビーズ1個の場合があるので注意しましょう。

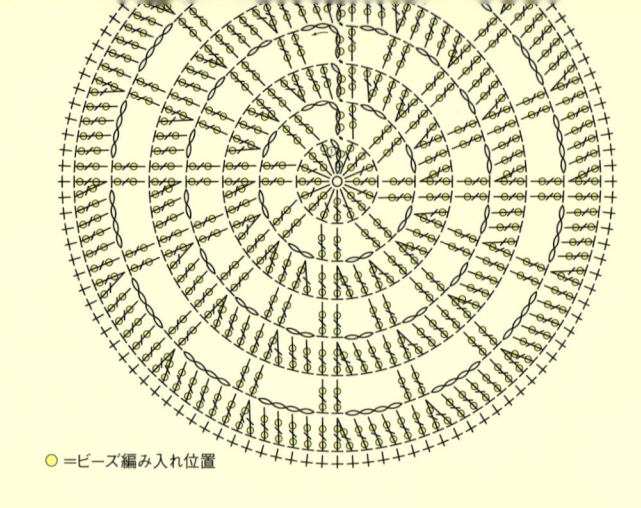

○=ビーズ編み入れ位置

※ 写真では見やすいように糸とビーズの色をかえています

1. 輪の作り目をし、立ち上がりの鎖を編みます。ビーズを入れて鎖編みを1目編みます。

2. 鎖の2目めにもビーズを入れますが、3目めには入れません。

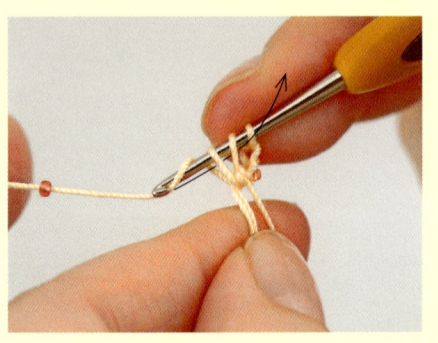

3. 長編みを編みます。糸をかけて輪の中から糸を引き出し、針にかかる2ループを引き抜きます。

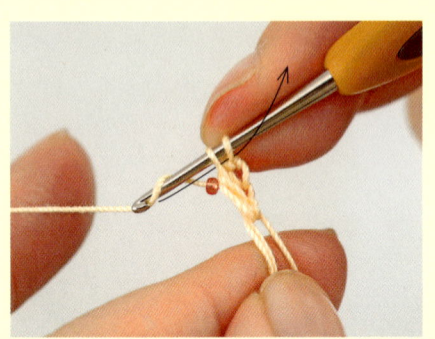

4. ビーズを入れて、さらに針にかかる2ループを引き抜きます。

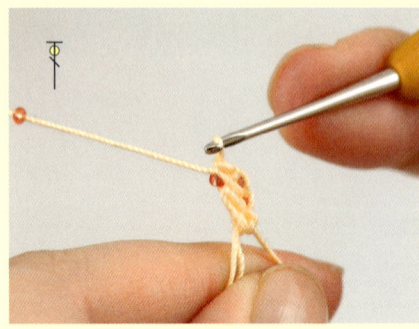

5. 1目めの長編みが編めました。4で入れたビーズが1個入っています。

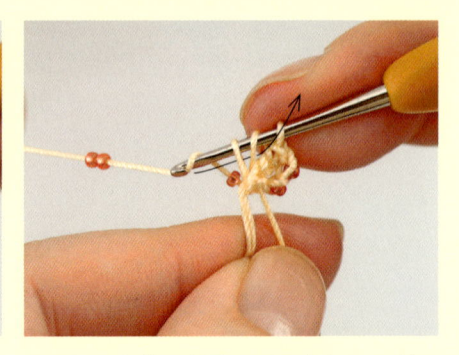

6. 2目めの長編みを編みます。糸をかけて輪の中から糸を引き出し、ビーズを入れて針にかかる2ループを引き抜きます。

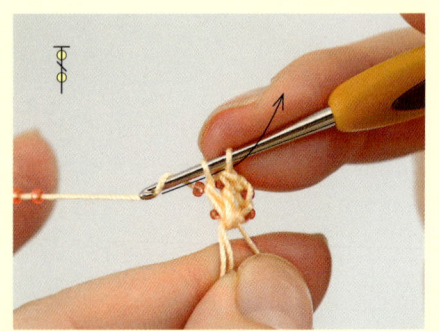

7. もう一度ビーズを入れて、さらに針にかかる2ループを引き抜きます。2目めの長編みはビーズが2個入ります。

8. 3〜7をくり返して1段めが編めました。ビーズは編み地の裏側へ出ます。

9. 1段めはビーズ2個と1個を入れる目を交互に編み、ビーズ同士がぶつからないようにしています。

28.29 コースター …写真 p.48-49

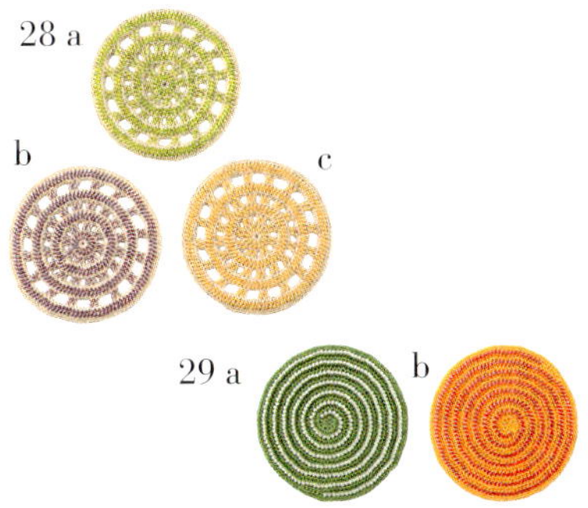

28 a b c
29 a b

● 用意するもの
糸…28 DMC セベリア10番　ビーズ…MIYUKI 丸小ビーズ　29 DMC セベリア10番　ビーズ…MIYUKI デリカビーズM
※糸とビーズの詳細はそれぞれ表参照
レース針…2号

● でき上がり寸法
28 直径 9cm、29 直径 8.5cm

● 編み方ポイント
糸にそれぞれ必要数のビーズを通します。糸端で作る輪の作り目をして編み始め、図を参照して指定の位置にビーズを編み入れながら進みます（p.50参照）。最終段の細編みは編み方向をかえて編みます。ビーズは編み地の裏側に出るので裏を表に使用します。

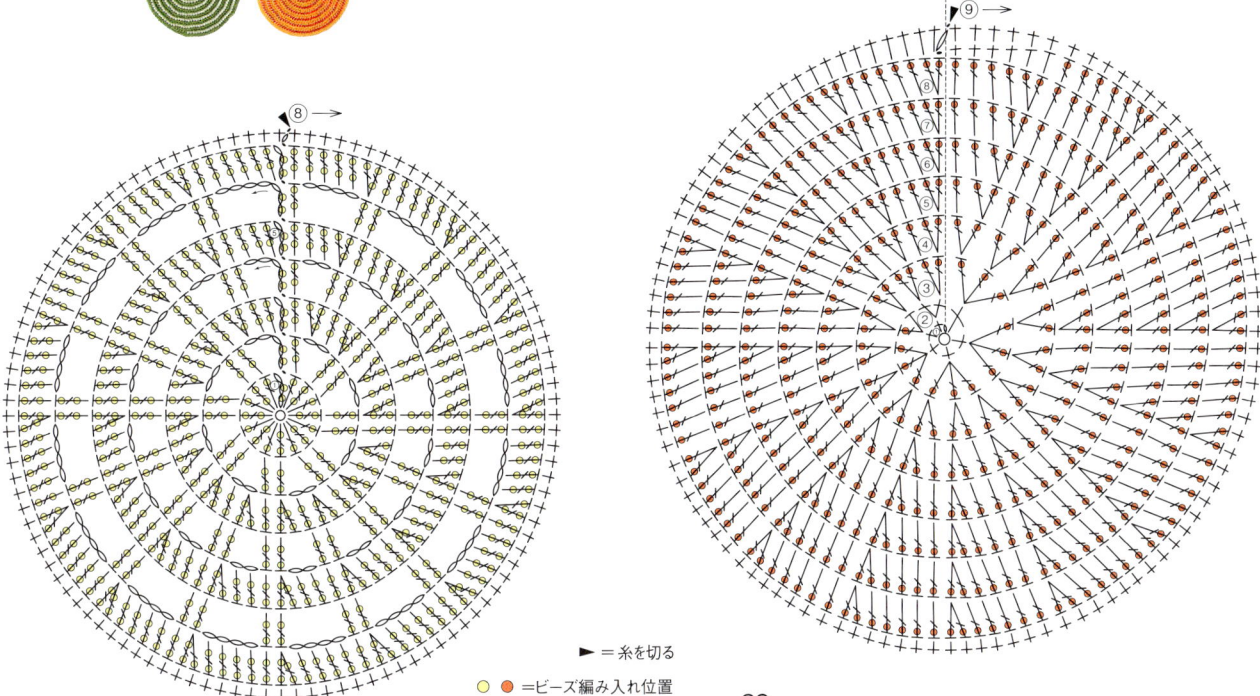

▶ ＝糸を切る
○ ● ＝ビーズ編み入れ位置

28

セベリア10番 各4g	ベージュ(739)
丸小ビーズ ○ 各6g・640個	a 黄緑(#14 H5005)　b 紫(#1648 H3765)　c 黄(#202 H5015)

29

	a	b
セベリア10番 各5g	黄緑(989)	明るい黄(743)
デリカビーズM ● 各5g・438個	オフホワイト(DBM-203)	ピンク(DBM-914)

でき上がり　9

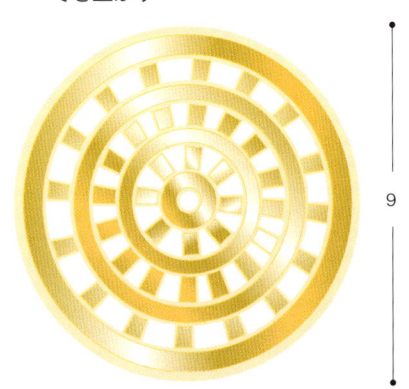

でき上がり　8.5

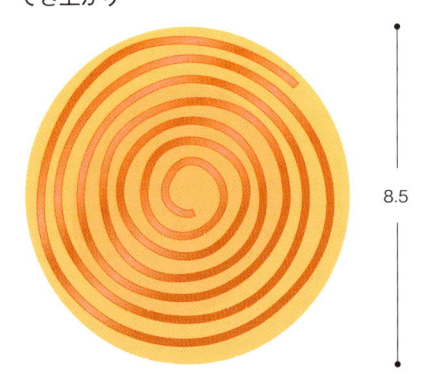

ビーズ編みのアクセサリー

少しだけ残った糸とビーズを使って小さなモチーフを編みます。
ピンやバレッタにつけて自由にアレンジ。プチギフトにもおすすめです。

30 手裏剣

DMC セベリア 10 番 × MIYUKI デリカビーズ M
編み方…82 ページ

31 ブロック

DMC コットンパール 8 番糸 × MIYUKI デリカビーズ
編み方…83 ページ

32 | カラフル ◎

DMC コットンパール8番糸 × MIYUKI デリカビーズ
編み方…84ページ

33 | 雪柄ピン

DMC セベリア 10 番× MIYUKI デリカビーズ M
編み方…85 ページ

34 | シュシュ

DMC コットンパール 8 番糸
×丸小ビーズ・ベリービーズ・ドロップビーズ
編み方…86 ページ

35 | パッチンどめ

DMC バビロ 20 番 × MIYUKI デリカビーズ M
編み方…87 ページ

シュシュ

市販のヘアゴムに糸を編みつけ、その目に引き抜きながらビーズを編み入れていきます。

※ 写真では見やすいように作品と糸をかえています

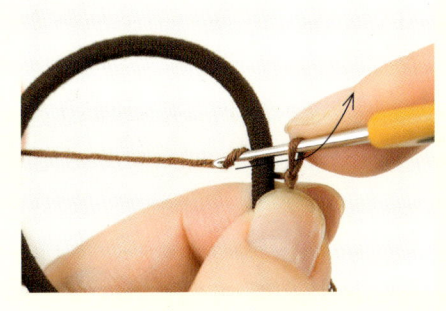

1. かぎ針で作り目をして、手前からヘアゴムを挟むように糸をかけて引き抜きます。

2. 向こう側からヘアゴムを挟むように糸をかけて引き抜きます。1・2を交互にくり返して1周を80セット（160目）編みます。

3. 編み終わりは針で始めの目に通してつなぎ、糸端同士を結んで編み目にくぐらせて始末します。糸にビーズを通しておきます。

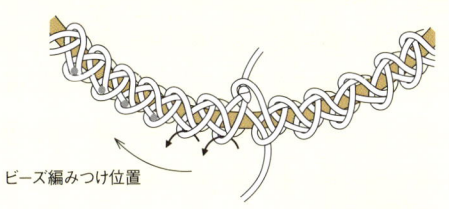

ビーズ編みつけ位置

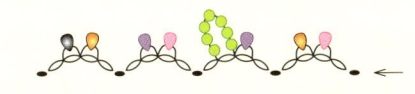

4. 図の目に針を入れて引き抜き、糸をつけます。

5. 鎖を編みながら指定の位置にビーズを入れます。

6. 順にビーズを送って編み入れていきます。

36 | バレッタ

DMC コットンパール 8 番糸 × MIYUKI デリカビーズ
編み方…59 ページ

36 バレッタ …写真 p.58

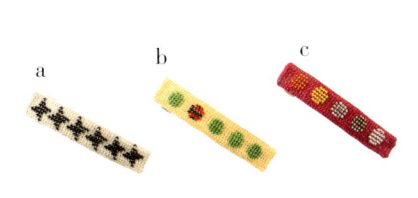

●用意するもの
糸…DMC コットンパール 8 番糸　ビーズ…MIYUKI デリカビーズ　※糸とビーズの詳細はそれぞれ表参照　レース針…4 号　その他…バレッタ、両面テープ

●でき上がり寸法
約 8cm

●編み方ポイント
糸に必要数のビーズを指定の順番で通します。鎖編みで作り目をし、最初の鎖に引き抜いて輪にします。1 段めのみ鎖 1 目で立ち上がり、図を参照して指定の位置にビーズを編み入れながら、前段の向こう側半目を拾う細編みのすじ編みで筒状に 7 段編みます。ビーズは編み地の裏側に出るので裏を表に使用します。

まとめ…編み始めと終わりの境い目が脇になるように編み地を畳み、上下をとじ合わせます。まとめ方を参照して本体の裏にバレッタをとめつけます。

b ドットとてんとう虫

➤ = 糸を切る

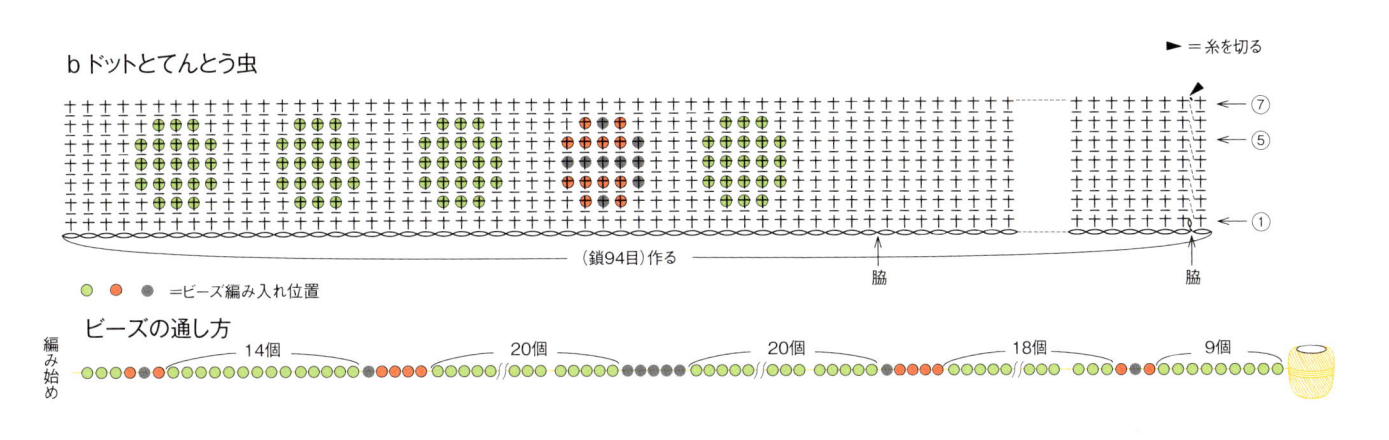

(鎖94目)作る　脇　脇

● ● ● =ビーズ編み入れ位置

ビーズの通し方
編み始め　14個　20個　20個　18個　9個

c カラフルドット

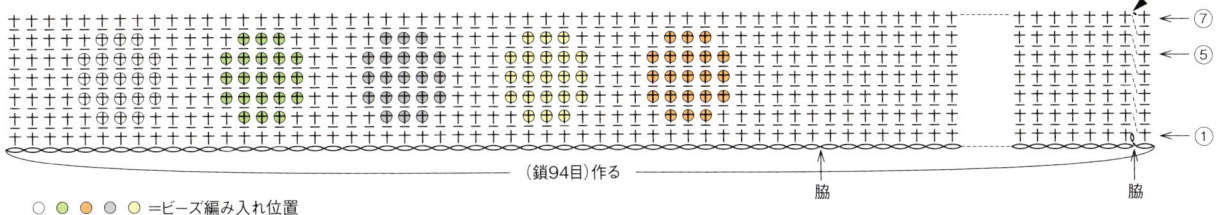

(鎖94目)作る　脇　脇

○ ● ● ● =ビーズ編み入れ位置

ビーズの通し方
編み始め　3回くり返す

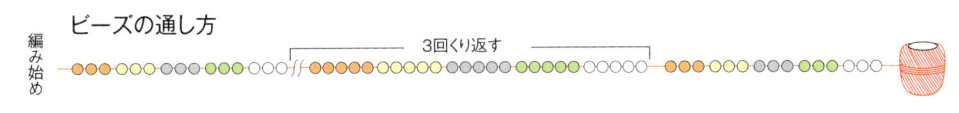

まとめ方

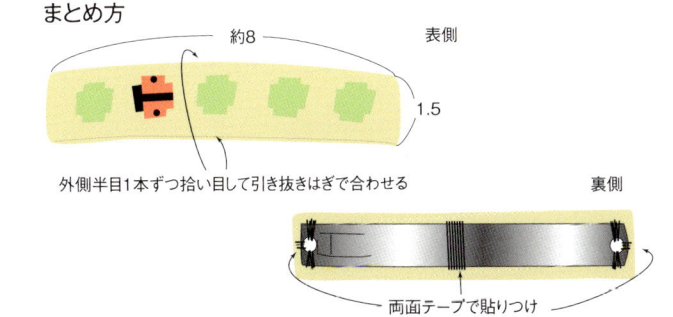

約8　表側　1.5

外側半目1本ずつ拾い目して引き抜きはぎで合わせる

裏側

両面テープで貼りつけ
左右と中心を糸でとめる

● a 千鳥格子の編み方は p.81

	コットンパール8番糸 各1g	デリカビーズ
a 千鳥格子	ライトベージュ(739)	● 黒(DB-10) 126個
b ドットとてんとう虫	たまご色(744)	● 黒(DB-10) 9個　● 赤つや消し(DB-753) 12個　● グリーン(DB-274) 84個
c カラフルドット	ストロベリー(600)	● オレンジ銀引(DB-45)　● 黄(DB-1582)　● グレー(DB-680)　● 黄緑(DB-1206)　○ クリーム色(DB-732) 各21個

19, 20 | カラフルドット …写真 p.24

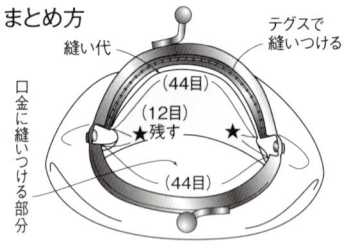

●用意するもの
糸…DMC コットンパール 8 番糸　19 たまご色(744) 7 g・20 アイボリー(712) 7 g　ビーズ…MIYUKI デリカビーズ ※ビーズの詳細は表参照　レース針…4 号　その他…トーカイ 口金 6cm 幅、テグス 3 号(強) 各 60cm×2 本

●でき上がり寸法
幅 10cm、深さ 7.5cm (口金含まず)

●編み方ポイント
糸に必要数のビーズを指定の順番で通します。糸端で作る輪の作り目をして編み始め、図を参照してビーズを編み入れながら、前段の向こう側半目を拾う細編みのすじ編みで編みます (p.36 参照)。ビーズは編み地の裏側に出るので裏を表に使用します。
まとめ…中袋は口金 6cm 幅用 (型紙は p.89 参照) です。口金はテグスで本体に縫いつけて仕上げます。

デリカビーズ	19	20
○	黄 (DB-1562) 13g・2560個	アイボリー (DB-352) 13g・2560個
●	黄緑 (DB-262) 1g・128個	紫 (DB-1754) 1g・128個
●	グレー (DB-680) 1g・128個	ベビーピンク (DB-62) 1g・128個
●	チェリーレッド (DB-856) 1g・128個	黄 (DB-743) 1g・128個
●	白 (DB-200) 1g・128個	緑 (DB-1767) 1g・128個

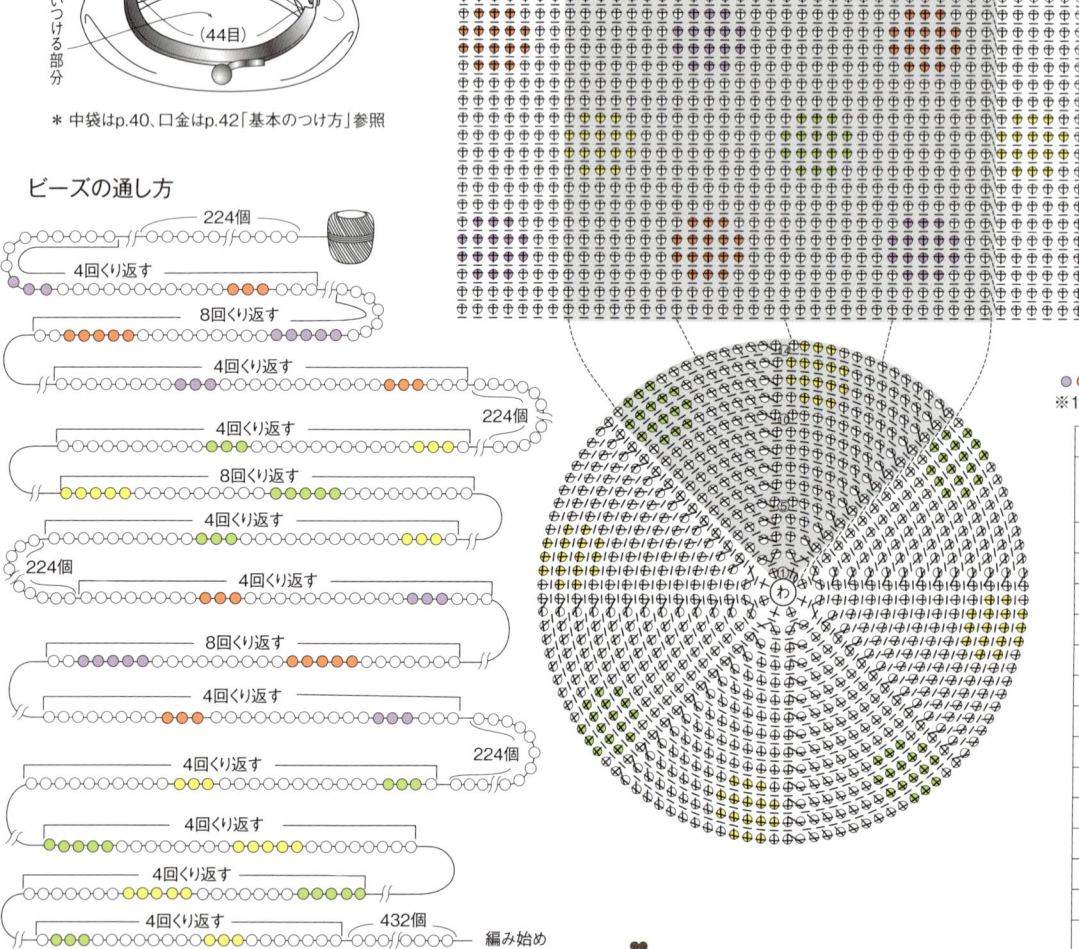

▶ = 糸を切る
● ● ● ● ○ = ビーズ編み入れ位置
※1、2 段めは図の通り 8 目ビーズなし

段数	目数
36段〜15段	112目
14段	112目
13段	104目
12段	96目
11段	88目
10段	80目
9段	72目
8段	64目
7段	56目
6段	48目
5段	40目
4段	32目
3段	24目
2段	16目
1段	8目

21 アーガイル …写真 p.26

●用意するもの
糸…DMC セベリア 10 番、バビロ 10 番
ビーズ…MIYUKI デリカビーズ M　※糸とビーズの詳細は表参照　レース針…2 号
その他…MIYUKI 10cm くし型ビーズ穴口金（Z0035047 象牙 丸）、テグス 3 号（強）各 80cm×2 本

●でき上がり寸法
幅 17cm、深さ 12.5cm（口金含まず）

●編み方ポイント
各糸にそれぞれ必要数のビーズを通しますが、配色糸は指定の順番で通します。糸端で作る輪の作り目をして編み始め、図を参照してベース糸と配色糸の編み込み模様でビーズを編み入れながら、前段の向こう側半目を拾う細編みのすじ編みで編みます（p.36 参照）。編み込み模様は渡り糸をくるみながら編みますが、編み目の高さが出ないように細編みの足を短めに編みます。ビーズは編み地の裏側に出るので裏を表に使用します。

まとめ…中袋は口金 10cm 幅用（型紙は p.88 参照）です。口金はテグスで本体に縫いつけて仕上げます。

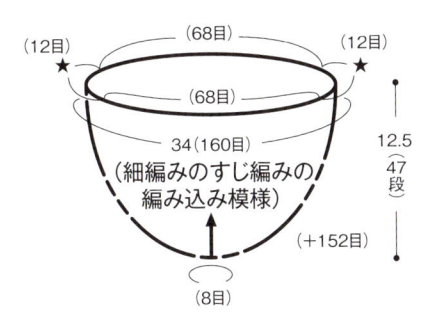

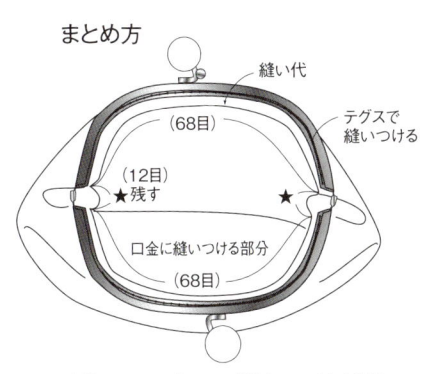

* 中袋は p.40、口金は p.42「基本のつけ方」参照

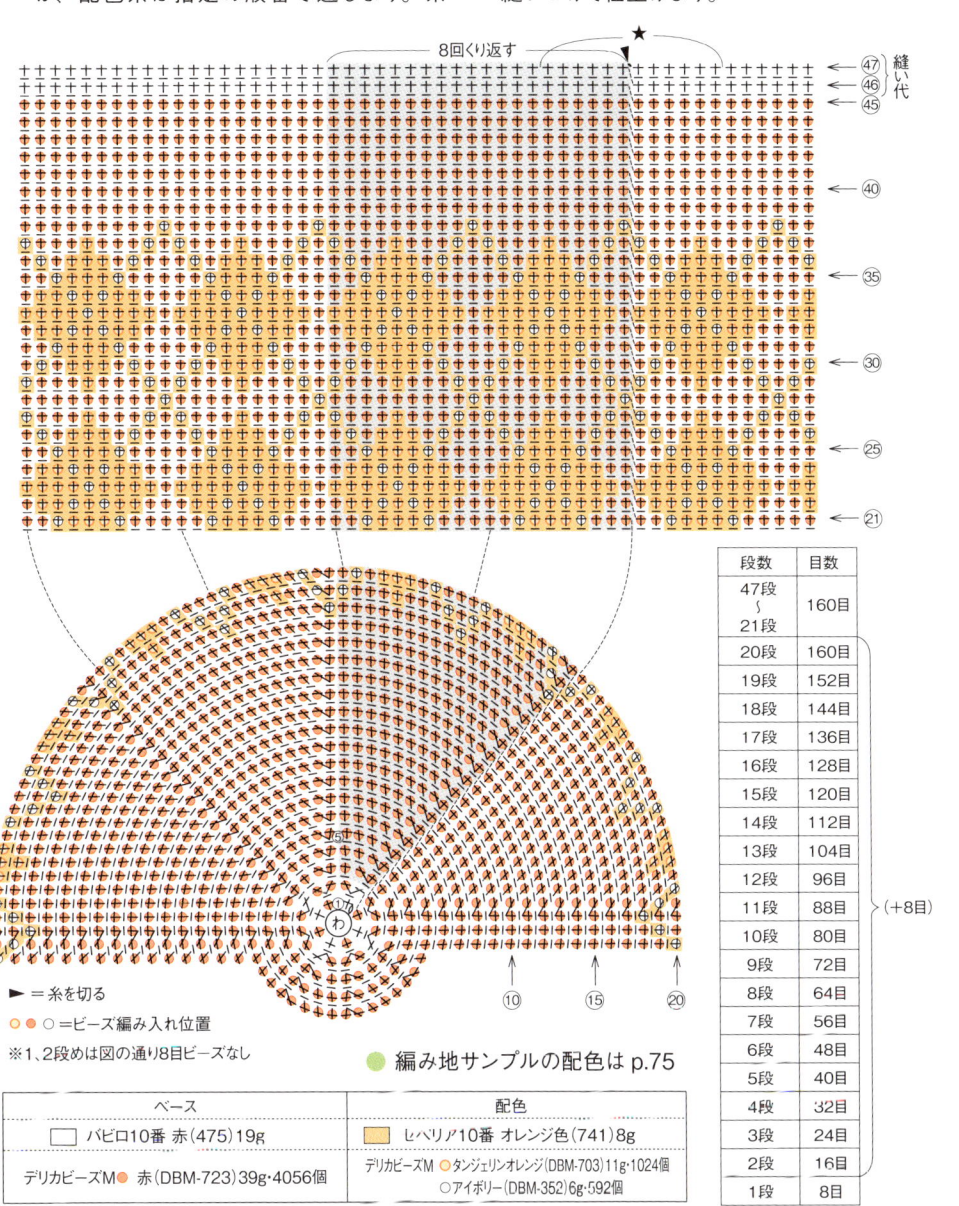

►＝糸を切る
●●○＝ビーズ編み入れ位置
※1、2段めは図の通り8目ビーズなし

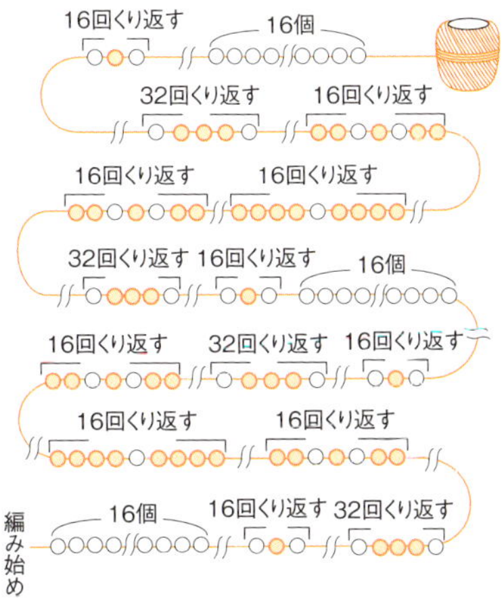

●編み地サンプルの配色は p.75

	ベース		配色
□	バビロ10番 赤（475）19g	■	セベリア10番 オレンジ色（741）8g
デリカビーズM ●	赤（DBM-723）39g・4056個	デリカビーズM	●タンジェリンオレンジ（DBM-703）11g・1024個 ○アイボリー（DBM-352）6g・592個

段数	目数
47段〜21段	160目
20段	160目
19段	152目
18段	144目
17段	136目
16段	128目
15段	120目
14段	112目
13段	104目
12段	96目
11段	88目
10段	80目
9段	72目
8段	64目
7段	56目
6段	48目
5段	40目
4段	32目
3段	24目
2段	16目
1段	8目

（+8目）

22 ドットとてんとう虫〈部分ビーズ〉 …写真 p.28

●用意するもの
糸…DMC セベリア20番　ビーズ…MIYUKI デリカビーズ　※糸とビーズの詳細は表参照　レース針…4号　その他…トーカイ 口金9cm幅、テグス3号(強)80cm×2本

●でき上がり寸法
幅14.5cm、深さ10cm(口金含まず)

●編み方ポイント
糸に必要数のビーズを指定の順番に通します。糸端で作る輪の作り目をして編み始め、図を参照してビーズを編み入れながら、前段の向こう側半目を拾う細編みのすじ編みで編みます(p.36参照)。ビーズは編み地の裏側に出るので裏を表に使用します。
まとめ…中袋は口金9cm幅用(型紙はp.88参照)です。口金はテグスで本体に縫いつけて仕上げます。

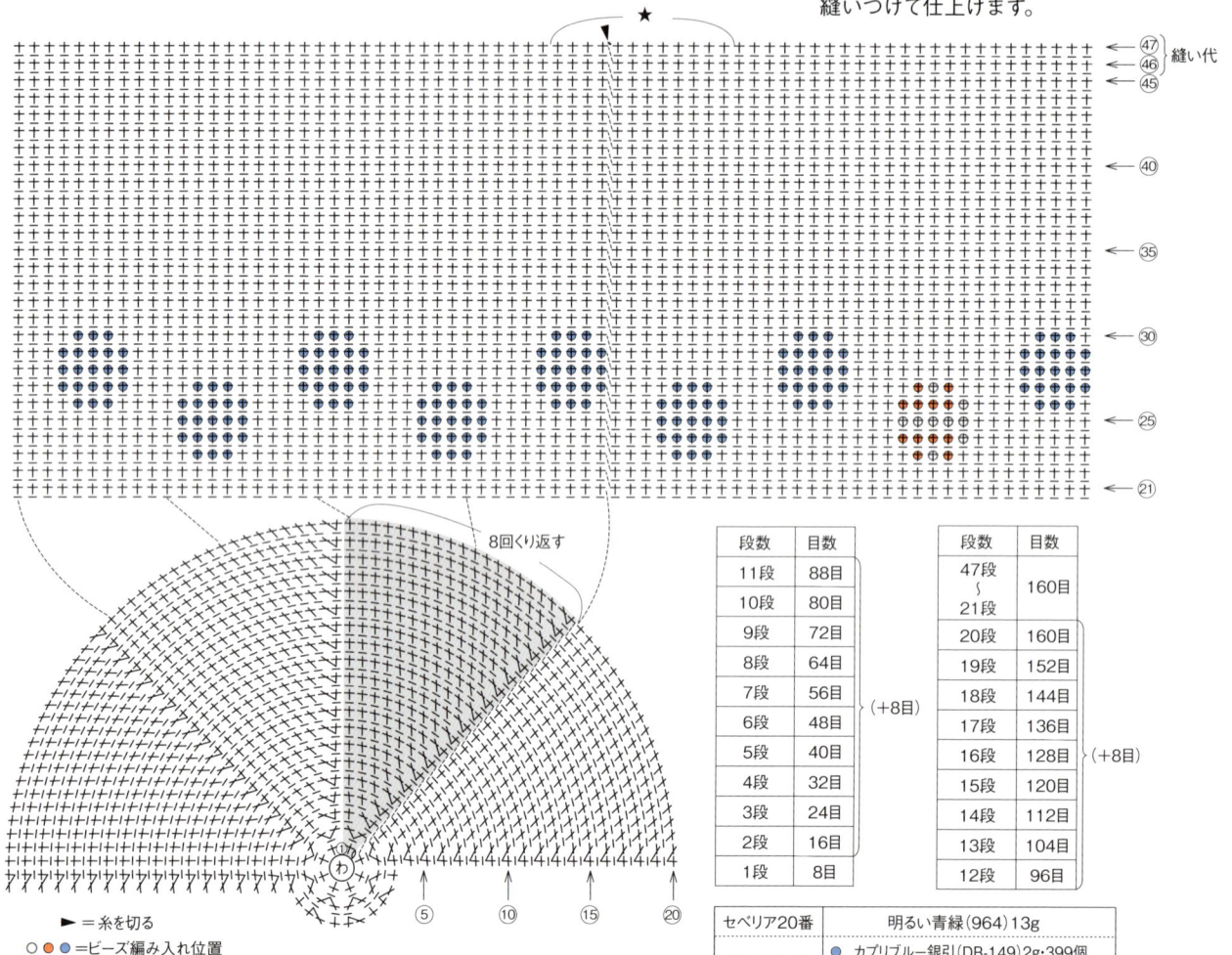

▶=糸を切る
○●●=ビーズ編み入れ位置

段数	目数
11段	88目
10段	80目
9段	72目
8段	64目
7段	56目
6段	48目
5段	40目
4段	32目
3段	24目
2段	16目
1段	8目

(+8目)

段数	目数
47段〜21段	160目
20段	160目
19段	152目
18段	144目
17段	136目
16段	128目
15段	120目
14段	112目
13段	104目
12段	96目

(+8目)

セベリア20番	明るい青緑(964)13g
デリカビーズ	●カプリブルー銀引(DB-149)2g・399個 ●茜色(DB-795)12個　○黒(DB-10)9個

ビーズの通し方

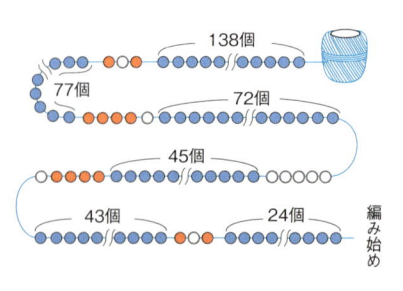

138個 / 77個 / 72個 / 45個 / 43個 / 24個
編み始め

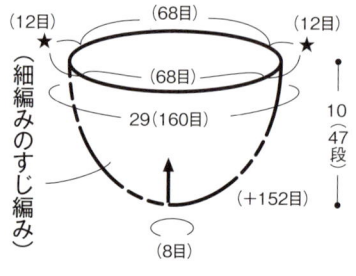

まとめ方

* 中袋はp.40、口金はp.42「基本のつけ方」参照

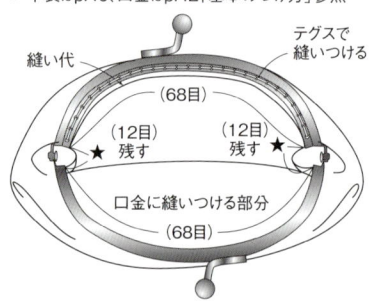

テグスで縫いつける
縫い代
(68目)
(12目)残す
★
口金に縫いつける部分
(68目)

GAMAGUCHI & KOMONO

23 ドットとてんとう虫〈全部ビーズ〉 …写真p.28

● **用意するもの**
糸…DMC コットンパール8番糸　ビーズ…MIYUKI デリカビーズ　※糸とビーズの詳細は表参照　レース針…4号　その他…トーカイ 口金9cm幅、テグス3号(強)80cm×2本

● **でき上がり寸法**
幅14.5cm、深さ10cm(口金含まず)

● **編み方ポイント**
各糸にそれぞれ必要数のビーズを通しますが、配色糸は指定の順番で通します。糸端で作る輪の作り目をして編み始め、ビーズを編み入れながら、前段の向こう側半目を拾う細編みのすじ編みで編みます(p.36参照)。23～30段は図を参照してベース糸と配色糸の編み込み模様で渡り糸をくるみながら編みますが、編み目の高さが出ないように細編みの足を短めに編みます。ビーズは編み地の裏側に出るので裏を表に使用します。

まとめ…中袋は口金9cm幅用(型紙はp.88参照)です。口金はテグスで本体に縫いつけて仕上げます。

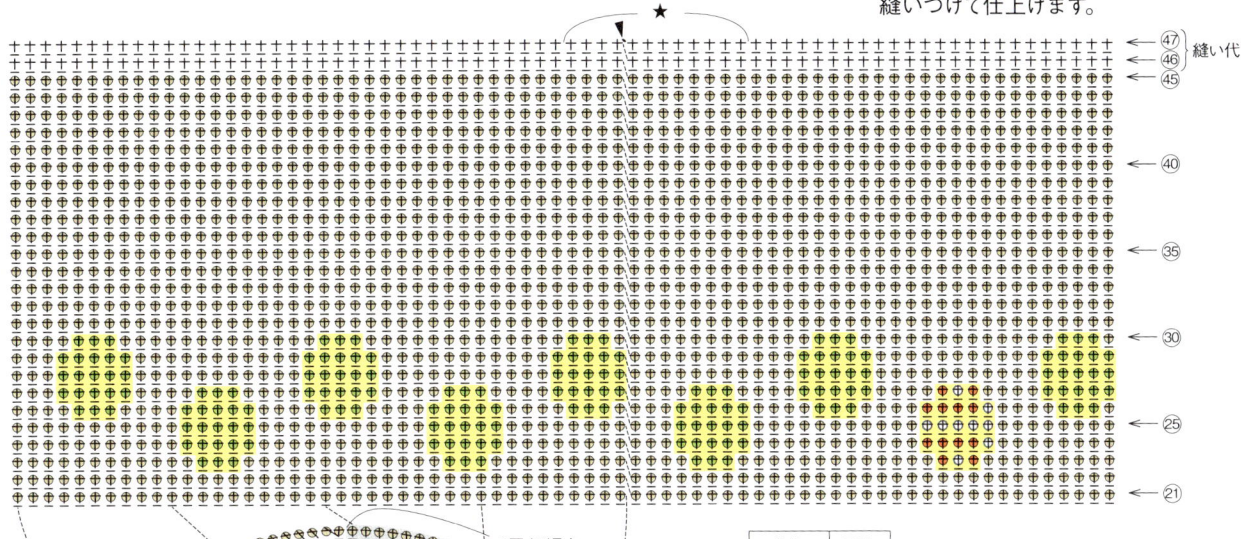

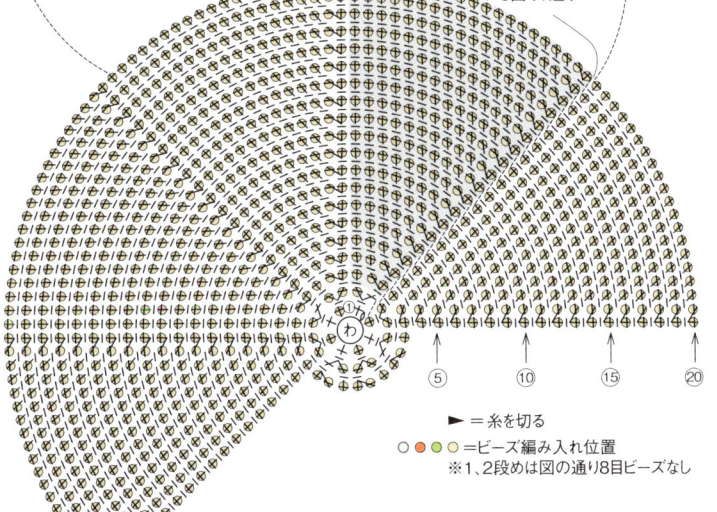

段数	目数
47段～21段	160目
20段	160目
19段	152目
18段	144目
17段	136目
16段	128目
15段	120目
14段	112目
13段	104目
12段	96目
11段	88目
10段	80目
9段	72目
8段	64目
7段	56目
6段	48目
5段	40目
4段	32目
3段	24目
2段	16目
1段	8目

▶ = 糸を切る
○ ○ ● ○ = ビーズ編み入れ位置
※1、2段めは図の通り8目ビーズなし

	ベース	配色
コットンパール8番糸	□黄土色(676)12g	□黄土色(676)2g
デリカビーズ	金茶オーロラ(DBC-100)22g・5252個	● グリーン(DB-274)2g・399個 ● 赤(DB-723)12個 ○ 黒(DB-10)9個

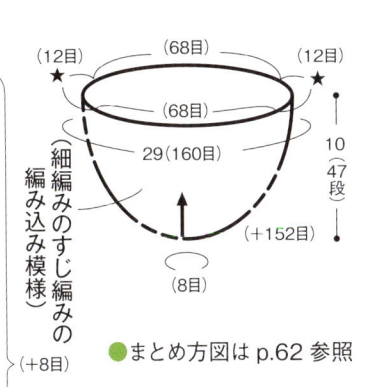

● まとめ方図はp.62参照

配色糸のビーズの通し方

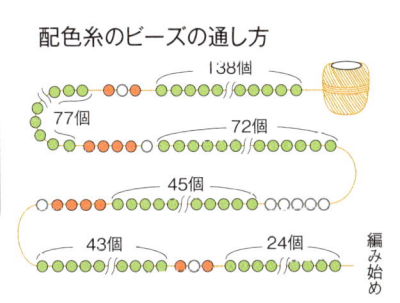

138個 / 77個 / 72個 / 45個 / 43個 / 24個
編み始め

24 赤い花 …写真 p.30

●用意するもの
糸…DMC バビロ10番 ビーズ…MIYUKI デリカビーズM ※糸とビーズの詳細は表参照 レース針…2号 その他…MIYUKI 10cm くし型ビーズ穴口金（Z0035051 イエロー丸）、テグス3号（強）各80cm×2本

●でき上がり寸法
幅17cm、深さ12.5cm（口金含まず）

●編み方ポイント
各糸にそれぞれ必要数のビーズを通します。配色糸は指定の順番で通します。糸端で作る輪の作り目をして編み始め、ビーズを編み入れながら、前段の向こう側半目を拾う細編みのすじ編みで編みます（p.36参照）。21～33段は図を参照してベース糸と配色糸の編み込み模様で渡り糸をくるみながら編みますが、編み目の高さが出ないように細編みの足を短めに編みます。（配色糸は茎以外の段では花部分しか使用しないので、各段で糸を切って始末します）ビーズは編み地の裏側に出るので裏を表に使用します。

まとめ…中袋は口金10cm幅用（型紙はp.88参照）です。口金はテグスで本体に縫いつけて仕上げます。

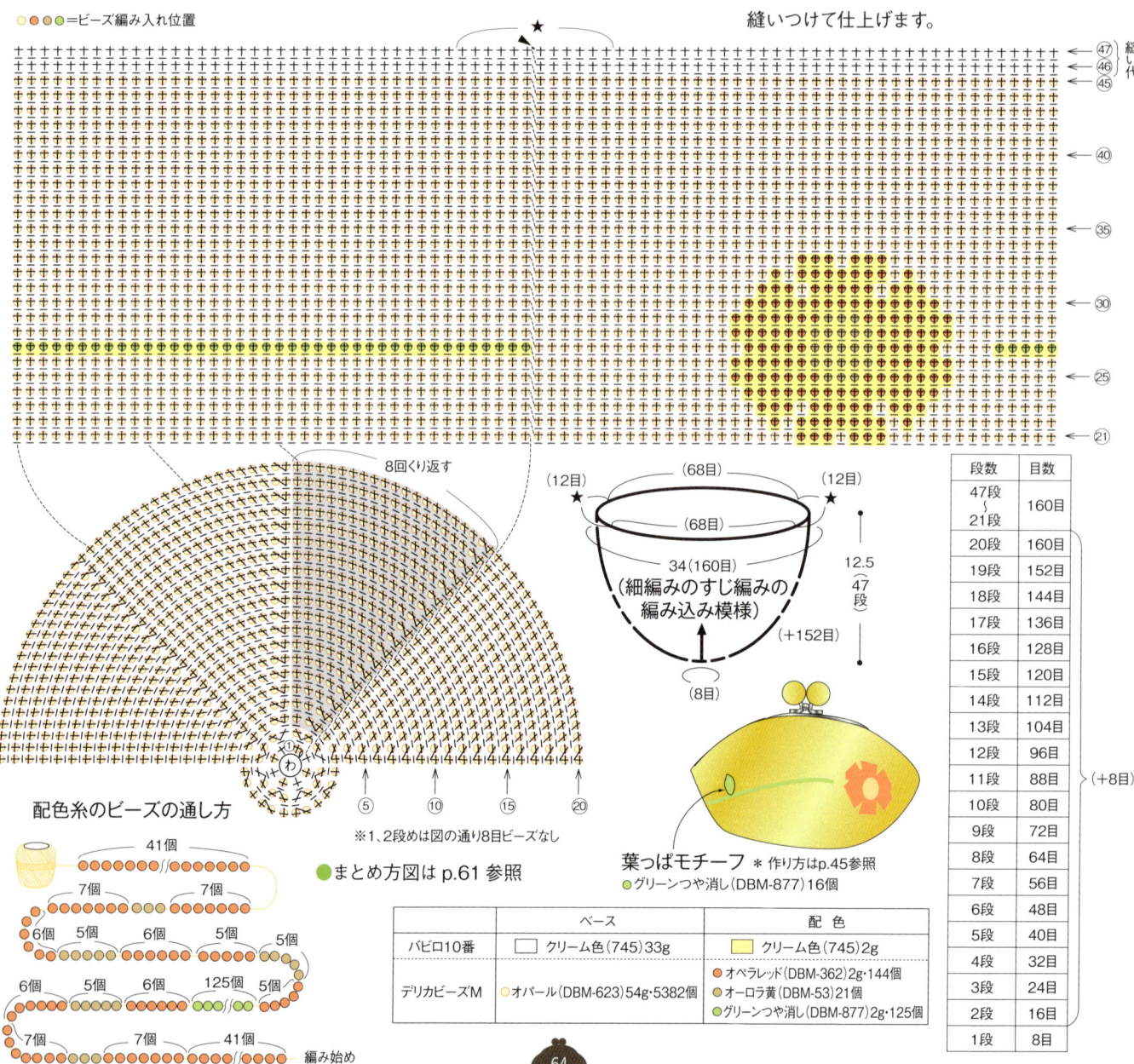

▶ = 糸を切る
○●●● = ビーズ編み入れ位置

※1、2段めは図の通り8目ビーズなし

●まとめ方図は p.61 参照

配色糸のビーズの通し方

葉っぱモチーフ * 作り方はp.45参照
● グリーンつや消し（DBM-877）16個

	ベース	配色
バビロ10番	クリーム色（745）33g	クリーム色（745）2g
デリカビーズM	オパール（DBM-623）54g・5382個	オペラレッド（DBM-362）2g・144個 オーロラ黄（DBM-53）21個 グリーンつや消し（DBM-877）2g・125個

段数	目数	
47段〜21段	160目	
20段	160目	
19段	152目	
18段	144目	
17段	136目	
16段	128目	
15段	120目	
14段	112目	
13段	104目	
12段	96目	(+8目)
11段	88目	
10段	80目	
9段	72目	
8段	64目	
7段	56目	
6段	48目	
5段	40目	
4段	32目	
3段	24目	
2段	16目	
1段	8目	

1 ドット …写真 p.6

●**用意するもの**
糸…DMC コットンパール 8 番糸 黄土色（676）12 g　ビーズ…MIYUKI デリカビーズ ライムグリーン（DB-1266）12 g・2280 個　レース針…4 号　その他…トーカイ 口金 9cm 幅、テグス 3 号（強）80cm × 2 本

●**でき上がり寸法**
幅 14.5cm、深さ 10cm（口金含まず）

●**編み方ポイント**
糸に必要数のビーズを通します。糸端で作る輪の作り目をして編み始め、図を参照して指定の位置にビーズを編み入れながら進みます（p.34 参照）。細編みは前段の向こう側半目を拾うすじ編みで編みます。ビーズは編み地の裏側に出るので裏を表に使用します。

まとめ…中袋は口金 9cm 幅用（型紙は p.88 参照）です。口金はテグスで本体に縫いつけて仕上げます。

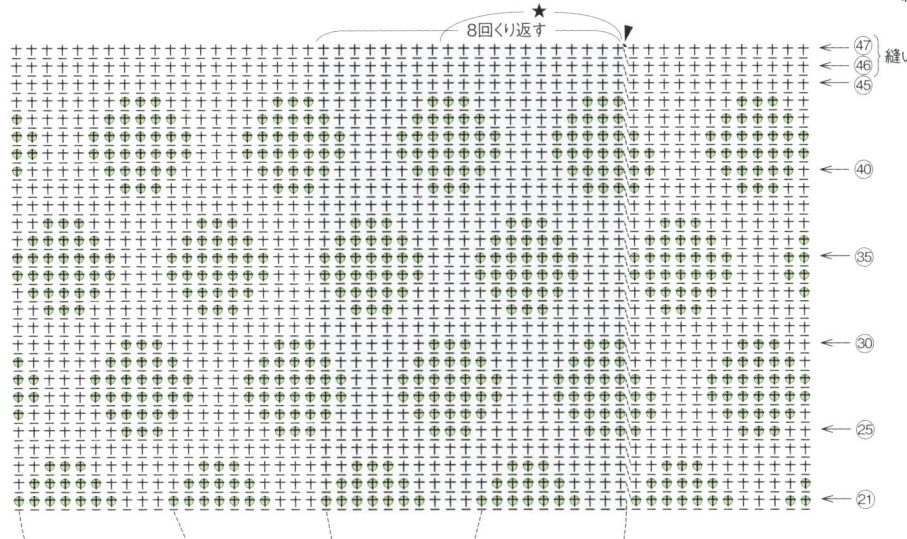

▶ ＝糸を切る
● ＝ビーズ編み入れ位置

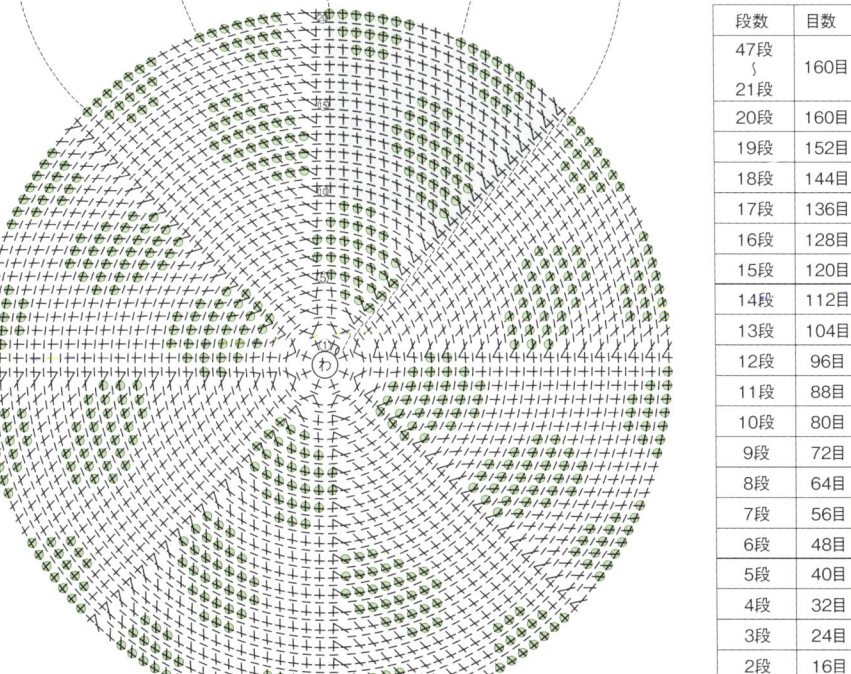

段数	目数
47段〜21段	160目
20段	160目
19段	152目
18段	144目
17段	136目
16段	128目
15段	120目
14段	112目
13段	104目
12段	96目
11段	88目
10段	80目
9段	72目
8段	64目
7段	56目
6段	48目
5段	40目
4段	32目
3段	24目
2段	16目
1段	8目

まとめ方

縫い代
テグスで縫いつける
（68目）
（12目）残す
（12目）残す
口金に縫いつける部分
（68目）

＊ 中袋は p.40、口金は p.42「基本のつけ方」参照

2 ストライプ …写真 p.8

●用意するもの
糸…DMC コットンパール 8番糸 ライトイエロー（745）12g　ビーズ…MIYUKI デリカビーズ アクアブルー銀引（DB-44）15g・2912個　レース針…4号　その他…トーカイ 口金9cm幅、テグス3号（強）80cm×2本

●でき上がり寸法
幅14.5cm、深さ10cm（口金含まず）

●編み方ポイント
糸に必要数のビーズを通します。糸端で作る輪の作り目をして編み始め、図を参照して指定の位置にビーズを編み入れながら進みます（p.34参照）。細編みは前段の向こう側半目を拾うすじ編みで編みます。ビーズは編み地の裏側に出るので裏を表に使用します。

まとめ…中袋は口金9cm幅用（型紙はp.88参照）です。口金はテグスで本体に縫いつけて仕上げます。

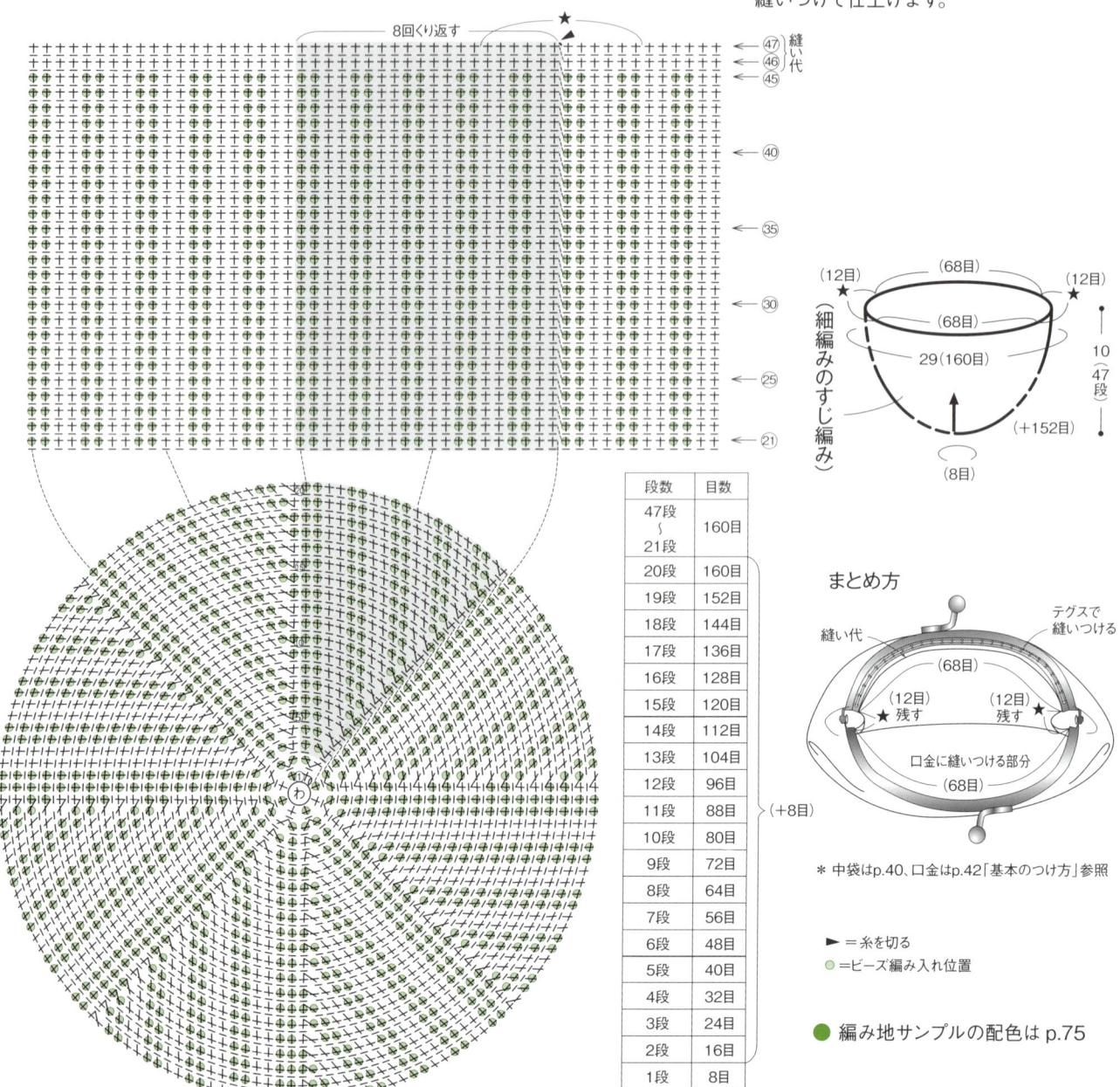

段数	目数
47段〜21段	160目
20段	160目
19段	152目
18段	144目
17段	136目
16段	128目
15段	120目
14段	112目
13段	104目
12段	96目
11段	88目
10段	80目
9段	72目
8段	64目
7段	56目
6段	48目
5段	40目
4段	32目
3段	24目
2段	16目
1段	8目

まとめ方

* 中袋はp.40、口金はp.42「基本のつけ方」参照

▶ ＝糸を切る
◉ ＝ビーズ編み入れ位置

● 編み地サンプルの配色はp.75

3 ○ + …写真 p.9

●用意するもの
糸…DMC コットンパール 8 番糸　アイボリー（712）12 g　ビーズ…MIYUKI デリカビーズ　シルキーピンク（DB-825）18 g・3920 個　レース針…4 号　その他…トーカイ 口金 9cm 幅、テグス 3 号（強）80cm × 2 本

●でき上がり寸法
幅 14.5cm、深さ 10cm（口金含まず）

●編み方ポイント
糸に必要数のビーズを通します。糸端で作る輪の作り目をして編み始め、図を参照して指定の位置にビーズを編み入れながら進みます（p.34 参照）。細編みは前段の向こう側半目を拾うすじ編みで編みます。ビーズは編み地の裏側に出るので裏を表に使用します。

まとめ…中袋は口金 9cm 幅用（型紙は p.88 参照）です。口金はテグスで本体に縫いつけて仕上げます。

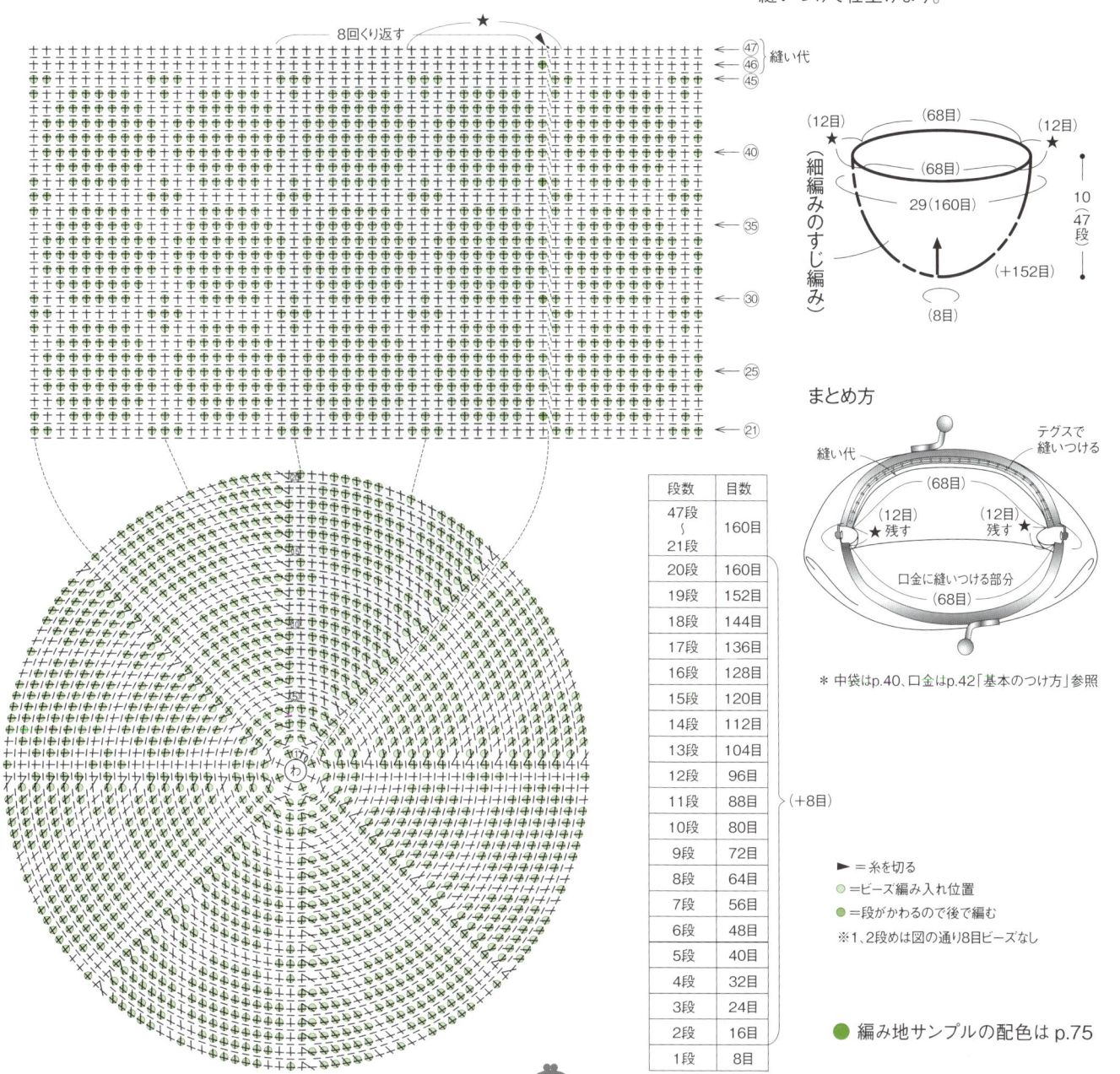

段数	目数
47段〜21段	160目
20段	160目
19段	152目
18段	144目
17段	136目
16段	128目
15段	120目
14段	112目
13段	104目
12段	96目
11段	88目
10段	80目
9段	72目
8段	64目
7段	56目
6段	48目
5段	40目
4段	32目
3段	24目
2段	16目
1段	8目

（+8目）

* 中袋は p.40、口金は p.42「基本のつけ方」参照

▶ ＝糸を切る
○ ＝ビーズ編み入れ位置
● ＝段がかわるので後で編む
※1、2段めは図の通り 8目ビーズなし

● 編み地サンプルの配色は p.75

GAMAGUCHI & KOMONO

4.5 レースペーパー風 …写真 p.10-11

●用意するもの
糸…DMC 4 セベリア10番/5 コットンパール8番糸　ビーズ…MIYUKI 4 デリカビーズM/5 デリカビーズ　※糸とビーズの詳細は表参照　レース針…4 2号/5 4号　その他…4 MIYUKI 10cmくし型ビーズ穴口金（Z0035047 象牙 丸）/5 トーカイ口金9cm幅、テグス3号（強）各80cm×2本

●でき上がり寸法
4 幅17cm、深さ12.5cm（口金含まず）
5 幅14.5cm、深さ10cm（口金含まず）

●編み方ポイント
糸に必要数のビーズを通します。糸端で作る輪の作り目をして編み始め、図を参照して指定の位置にビーズを編み入れながら進みます（p.34参照）。細編みは前段の向こう側半目を拾うすじ編みで編みます。ビーズは編み地の裏側に出るので裏を表に使用します。

まとめ…中袋は口金4 10cm幅用、5 9cm幅用（型紙はp.88参照）です。口金はテグスで本体に縫いつけて仕上げます。

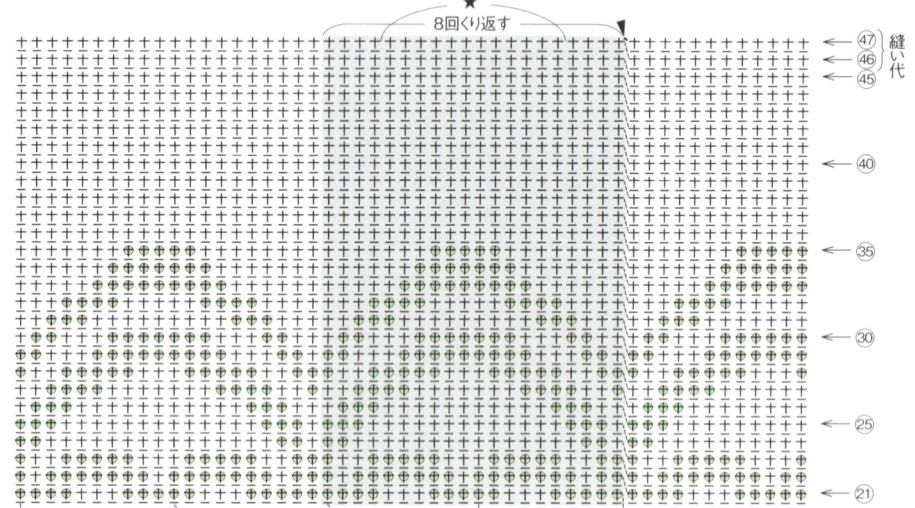

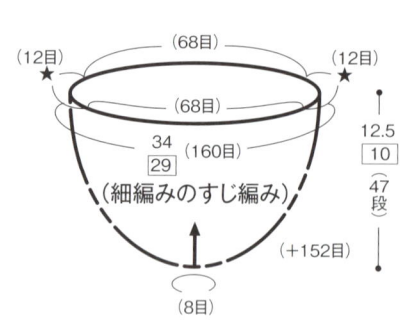

※□内は作品5の寸法。目数、段数は作品4・5ともに同じ

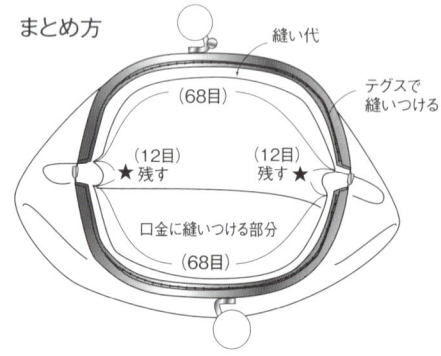

段数	目数
47段～21段	160目
20段	160目
19段	152目
18段	144目
17段	136目
16段	128目
15段	120目
14段	112目
13段	104目
12段	96目
11段	88目
10段	80目
9段	72目
8段	64目
7段	56目
6段	48目
5段	40目
4段	32目
3段	24目
2段	16目
1段	8目

まとめ方

* 中袋はp.40、口金はp.42「基本のつけ方」参照

4	
セベリア10番 紺(823)	25g
デリカビーズM ○ シルバー(DBM-41)	21g・2080個
5	
コットンパール8番糸 淡緑(368)	12g
デリカビーズ ● 生成り(DB-883)	10g・2080個

▶ =糸を切る
○ =ビーズ編み入れ位置
※1、2段めは図の通り8目ビーズなし

6.7 葉っぱ …写真 p.12-13

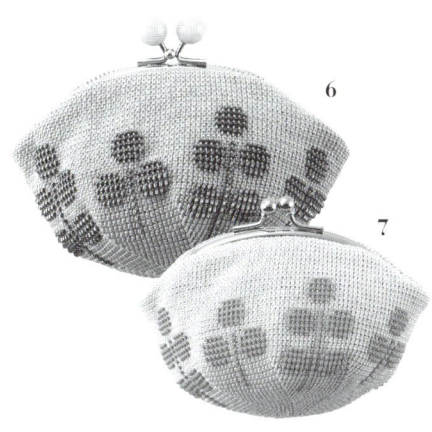

●用意するもの
糸…DMC 6 バビロ10番 / 7 セベリア20番　ビーズ…MIYUKI 6 デリカビーズM / 7 デリカビーズ　※糸とビーズの詳細は表参照　レース針…6 2号 / 7 4号　その他…6 MIYUKI 10cmくし型ビーズ穴口金（Z0035049 ヒスイ 丸）/ 7 トーカイ 口金9cm幅、テグス3号（強）各80cm×2本

●でき上がり寸法
6 幅17cm、深さ12.5cm（口金含まず）
7 幅14.5cm、深さ10cm（口金含まず）

●編み方ポイント
糸に必要数のビーズを通します。糸端で作る輪の作り目をして編み始め、図を参照して指定の位置にビーズを編み入れながら進みます（p.34参照）。細編みは前段の向こう側半目を拾うすじ編みで編みます。ビーズは編み地の裏側に出るので裏を表に使用します。
まとめ…中袋は口金 6 10cm幅用、7 9cm幅用（型紙はp.88参照）です。口金はテグスで本体に縫いつけて仕上げます。

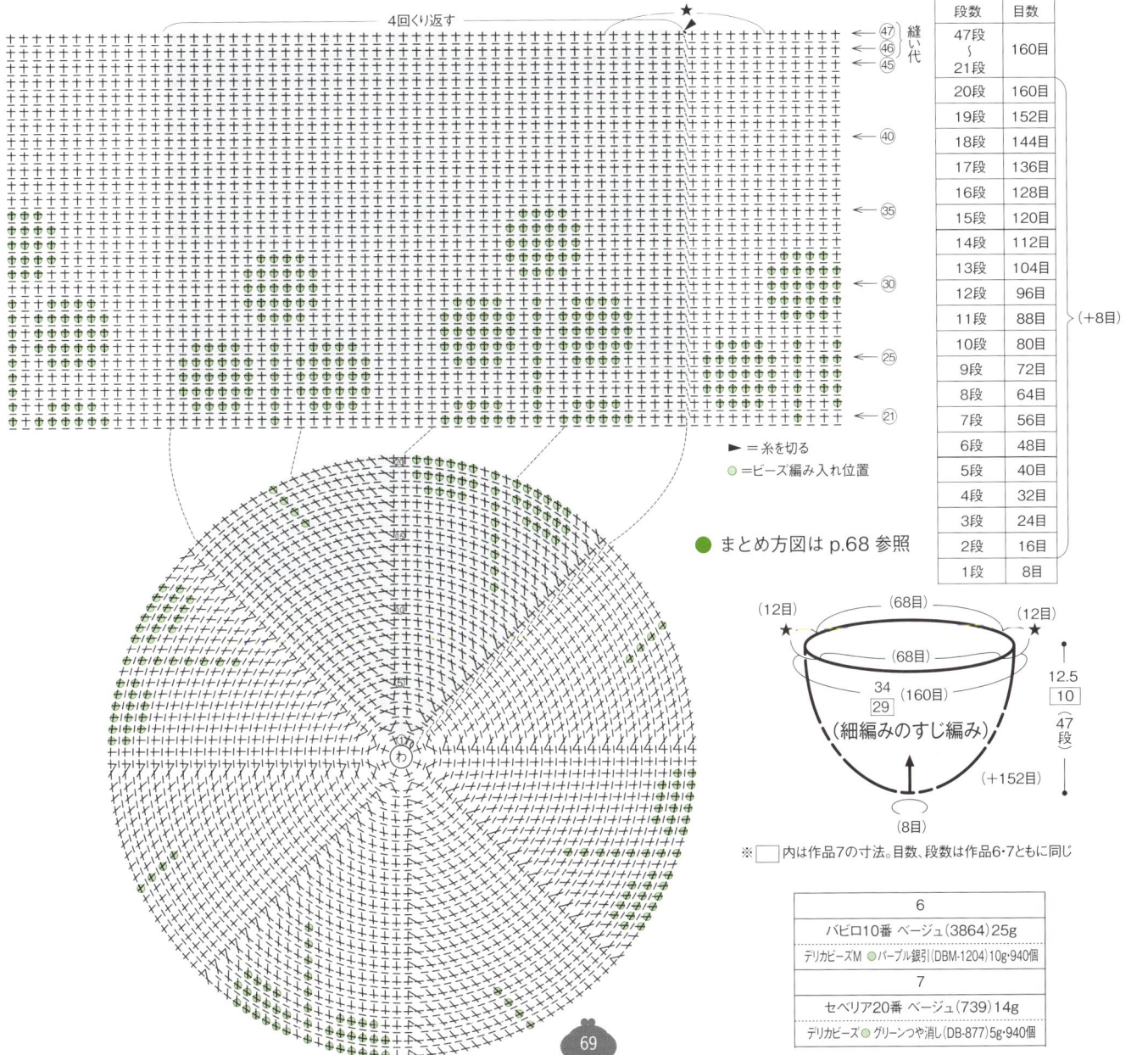

段数	目数
47段〜21段	160目
20段	160目
19段	152目
18段	144目
17段	136目
16段	128目
15段	120目
14段	112目
13段	104目
12段	96目
11段	88目
10段	80目
9段	72目
8段	64目
7段	56目
6段	48目
5段	40目
4段	32目
3段	24目
2段	16目
1段	8目

（+8目）

▶ ＝糸を切る
◯ ＝ビーズ編み入れ位置

● まとめ方図は p.68 参照

※□内は作品7の寸法。目数、段数は作品6・7ともに同じ

6	
バビロ10番 ベージュ（3864）25g	
デリカビーズM ●パープル銀引（DBM-1204）10g・940個	
7	
セベリア20番 ベージュ（739）14g	
デリカビーズ ●グリーンつや消し（DB-877）5g・940個	

8.9.10 ビーズきらきら …写真 p.14

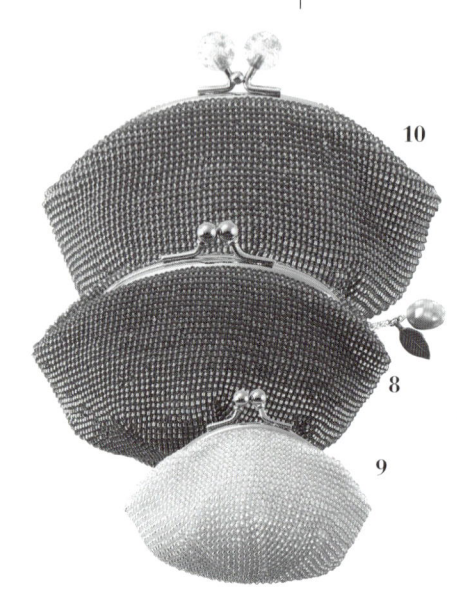

●用意するもの
糸…DMC 8 コットンパール8番糸 /9 バビロ10番 /10 セベリア10番　ビーズ…MIYUKI 8 デリカビーズ /9 丸小ビーズ /10 デリカビーズ M　※糸とビーズの詳細は表参照　レース針…8 4号 /9・10 2号　その他…8 トーカイ 口金9cm 幅 /9 トーカイ 口金7.5cm 幅 /10 MIYUKI 10cm くし型ビーズ穴口金（Z0037040 ラメ入り丸）、テグス3号（強）8・10 各80cm×2本 /9 60cm×2本

●でき上がり寸法
8 幅14.5cm、深さ10cm（口金含まず）
9 幅12cm、深さ8cm（口金含まず）
10 幅17cm、深さ12.5cm（口金含まず）

●編み方ポイント
糸に必要数のビーズを通します。糸端で作る輪の作り目をして編み始め、図を参照してビーズを編み入れながら進みます（p.34参照）。細編みは前段の向こう側半目を拾うすじ編みで編みます。ビーズは編み地の裏側に出るので裏を表に使用します。
まとめ…中袋は8 口金9cm 幅用、9 口金7.5cm 幅用、10 口金10cm 幅用（型紙はp.88,89参照）です。口金はテグスで本体に縫いつけて仕上げます。9は口金をフラットにつけるつけ方です。

9	
バビロ10番 クリーム色(745)	11g
丸小ビーズ ● 黄(#6 H5002)	23g・2624個

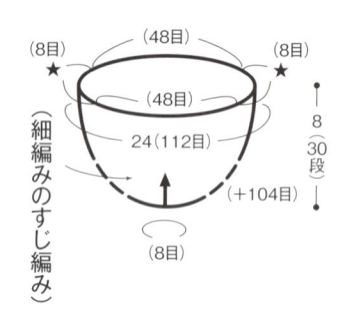

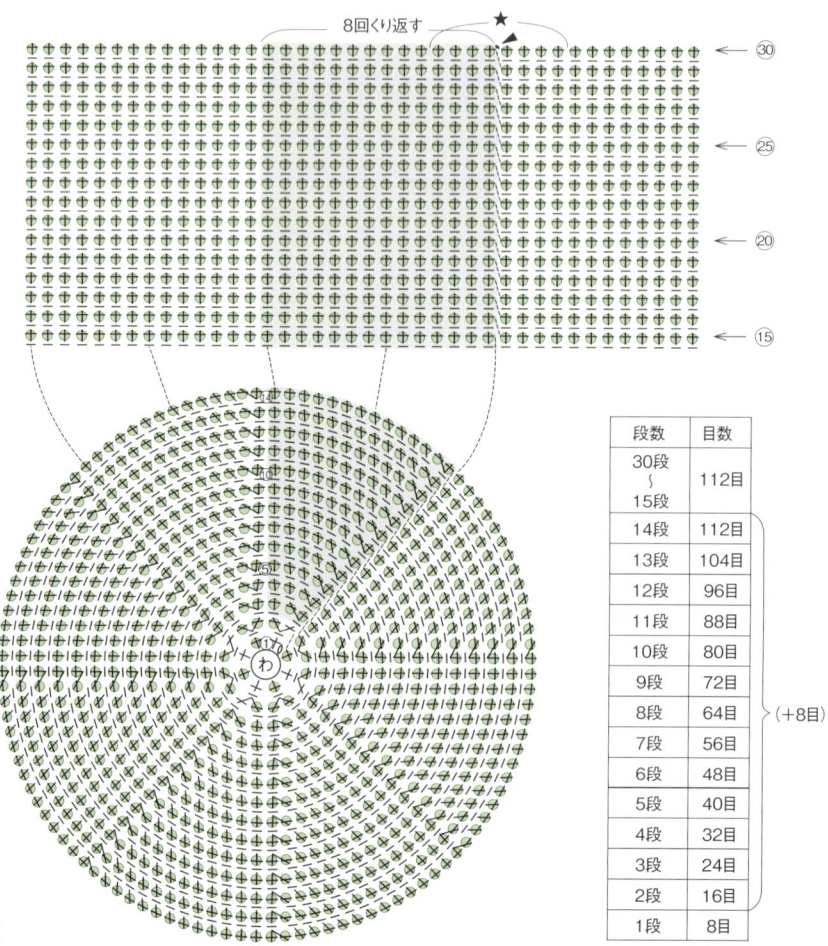

段数	目数	
30段～15段	112目	
14段	112目	
13段	104目	
12段	96目	
11段	88目	
10段	80目	
9段	72目	(+8目)
8段	64目	
7段	56目	
6段	48目	
5段	40目	
4段	32目	
3段	24目	
2段	16目	
1段	8目	

▶ = 糸を切る
● = ビーズ編み入れ位置
※1、2段めは図の通り8目ビーズなし

まとめ方

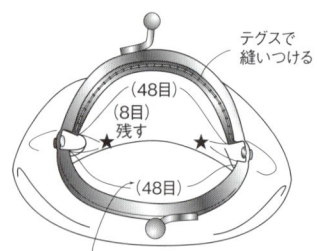

8	
コットンパール8番糸 灰みローズ(3688)15g	
デリカビーズ ● クリスタルピンク(DB-1341)28g・5524個	
10	
セペリア10番 明るい青緑(964)30g	
デリカビーズM ● カプリブルー銀引(DBM-149)52g・5524個

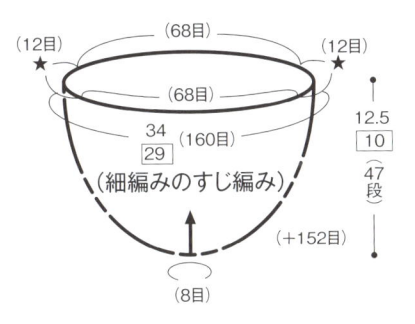

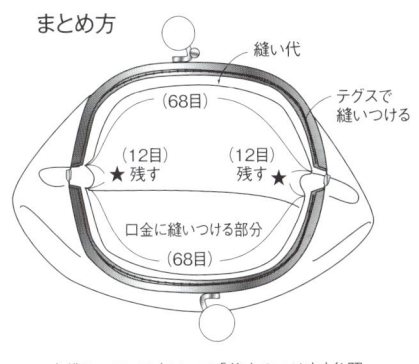

まとめ方

※ □内は作品8の寸法。目数、段数は作品8・10ともに同じ

* 中袋はp.40、口金はp.42「基本のつけ方」参照

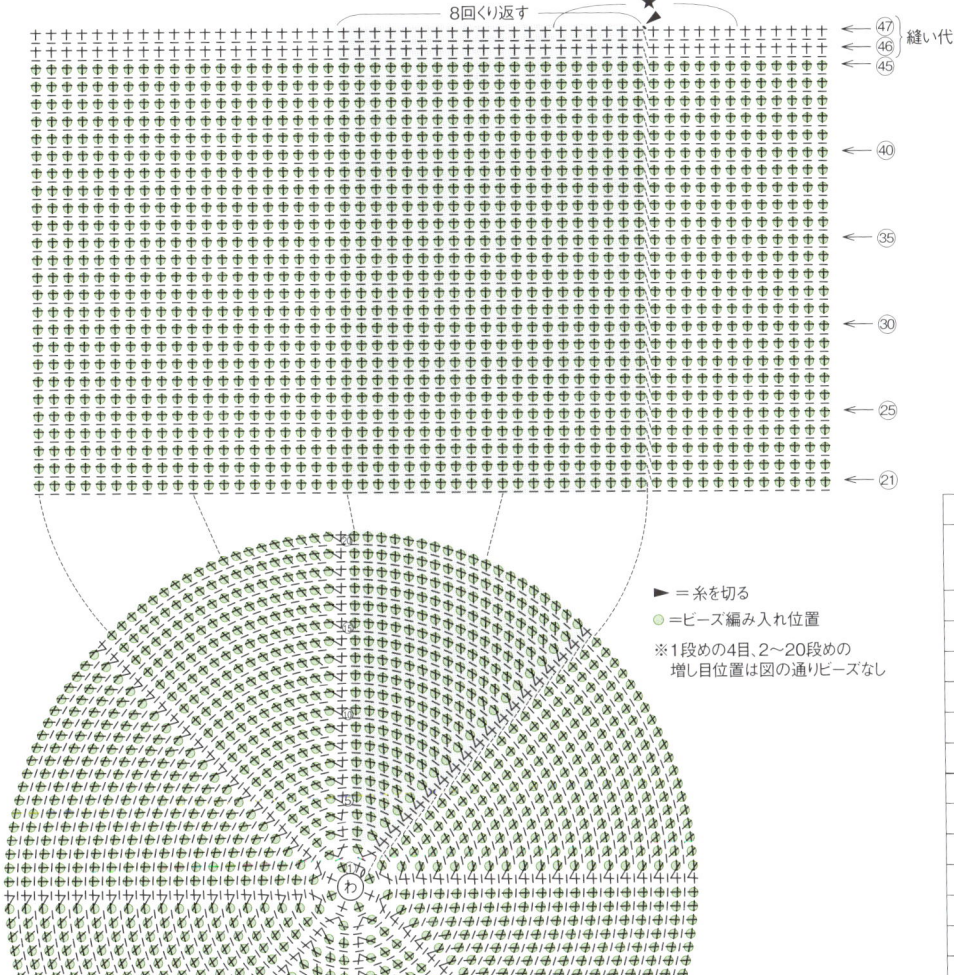

▶ = 糸を切る
● = ビーズ編み入れ位置

※1段めの4目、2〜20段めの増し目位置は図の通りビーズなし

段数	目数	
47段〜21段	160目	
20段	160目	
19段	152目	
18段	144目	
17段	136目	
16段	128目	
15段	120目	
14段	112目	
13段	104目	
12段	96目	
11段	88目	(+8目)
10段	80目	
9段	72目	
8段	64目	
7段	56目	
6段	48目	
5段	40目	
4段	32目	
3段	24目	
2段	16目	
1段	8目	

11.12.13 クラウン …写真 p.16-17

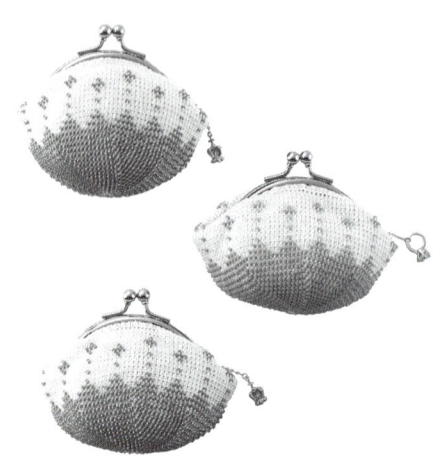

- **●用意するもの**
  糸…DMC セベリア10番　ビーズ…MIYUKI 丸小ビーズ　※糸とビーズの詳細は表参照　レース針…2号　その他…トーカイ 口金7.5cm幅、テグス3号（強）各60cm×2本

- **●でき上がり寸法**
  幅12cm、深さ8cm（口金含まず）

- **●編み方ポイント**
  糸に必要数のビーズを通します。糸端で作る輪の作り目をして編み始め、図を参照して指定の位置にビーズを編み入れながら進みます（p.34参照）。細編みは前段の向こう側半目を拾うすじ編みで編みます。ビーズは編み地の裏側に出るので裏を表に使用します。

  まとめ…中袋は口金7.5cm幅用（型紙はp.89参照）です。口金はテグスで本体に縫いつけて仕上げます。口金はフラットにつけるつけ方です。

	11	12	13
セベリア10番 11g	クリーム色（746）		
丸小ビーズ ●12g・1304個	オレンジ（#1637 H3761）	ピンク（#1636 H3760）	水色（#2029 H5062）

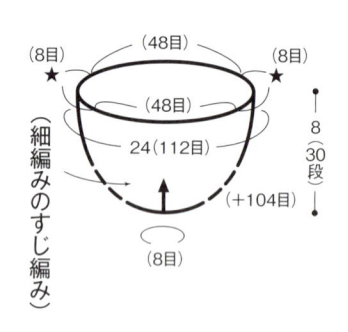

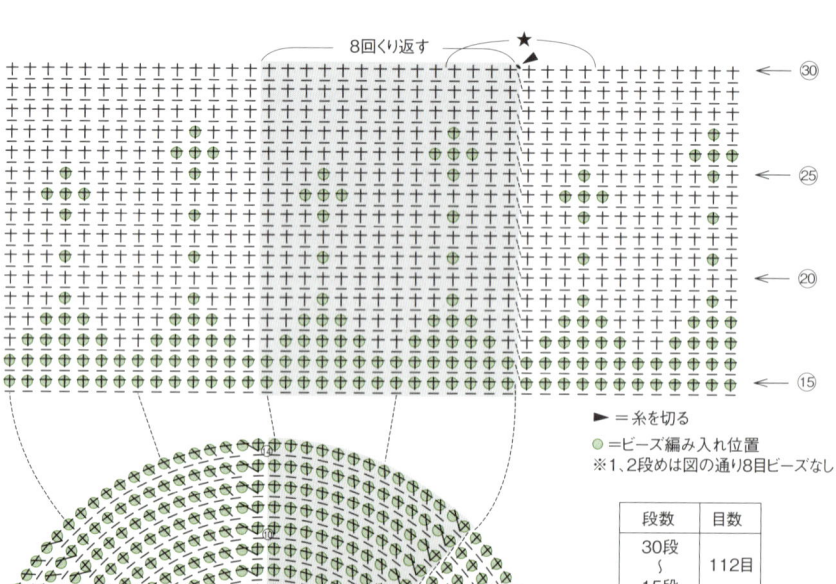

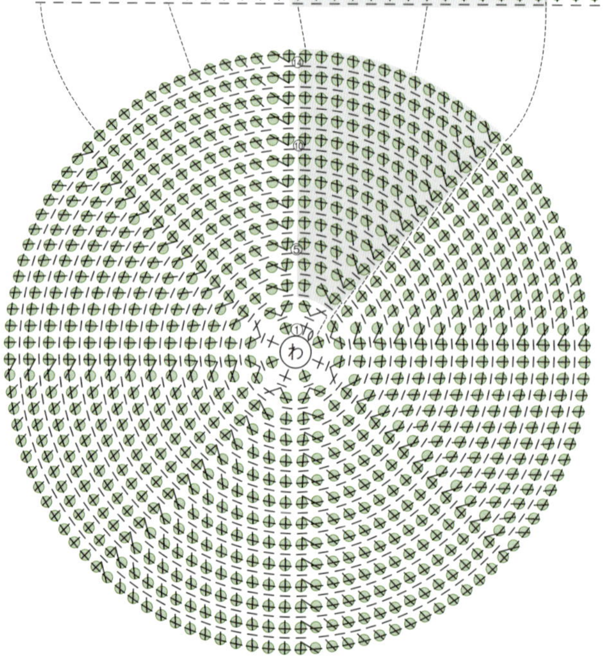

► =糸を切る
● =ビーズ編み入れ位置
※1、2段めは図の通り8目ビーズなし

段数	目数
30段〜15段	112目
14段	112目
13段	104目
12段	96目
11段	88目
10段	80目
9段	72目
8段	64目
7段	56目
6段	48目
5段	40目
4段	32目
3段	24目
2段	16目
1段	8目

(+8目)

まとめ方

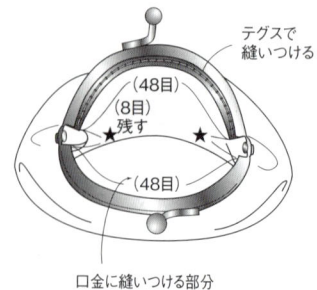

* 中袋はp.40、口金はp.43「フラットにつける」参照

14.15 編み込みドット …写真 p.18-19

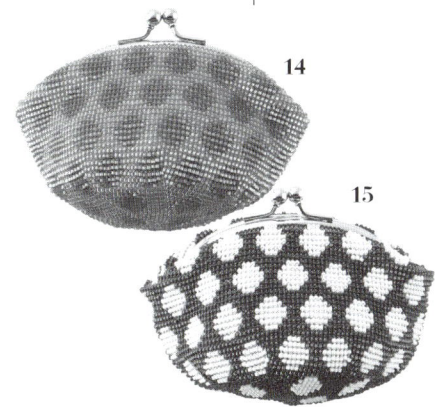

●用意するもの
糸…DMC コットンパール8番糸　ビーズ…MIYUKI デリカビーズ　※糸とビーズの詳細は表参照　レース針…4号　その他…トーカイ 口金9cm幅、テグス3号(強)各80cm×2本

●でき上がり寸法
幅14.5cm、深さ10cm（口金含まず）

●編み方ポイント
各糸にそれぞれ必要数のビーズを通します。糸端で作る輪の作り目をして編み始めます。

図を参照してベース糸と配色糸の編み込み模様でビーズを編み入れながら、前段の向こう側半目を拾う細編みのすじ編みで編みます(p.36参照)。編み込み模様は渡り糸をくるみながら編みますが、編み目の高さが出ないように細編みの足を短めに編みます。ビーズは編み地の裏側に出るので裏を表に使用します。

まとめ…中袋は口金9cm幅用（型紙はp.88参照）です。口金はテグスで本体に縫いつけて仕上げます。

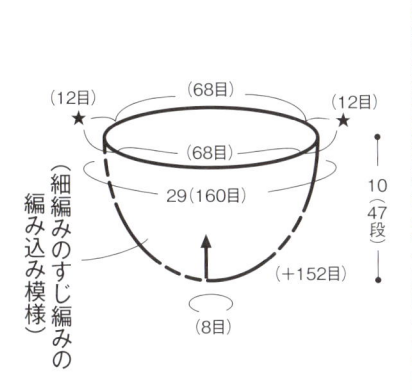

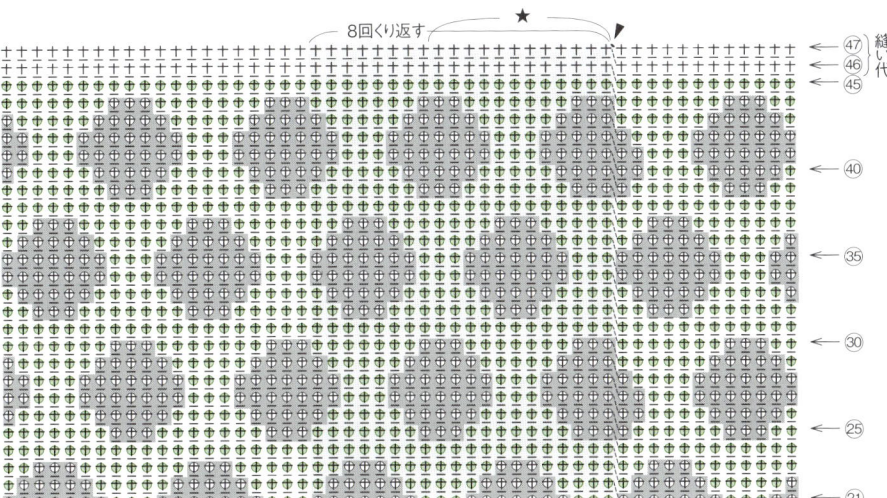

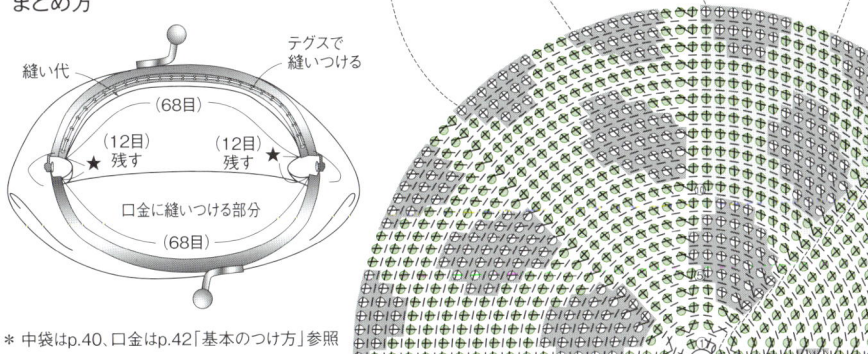

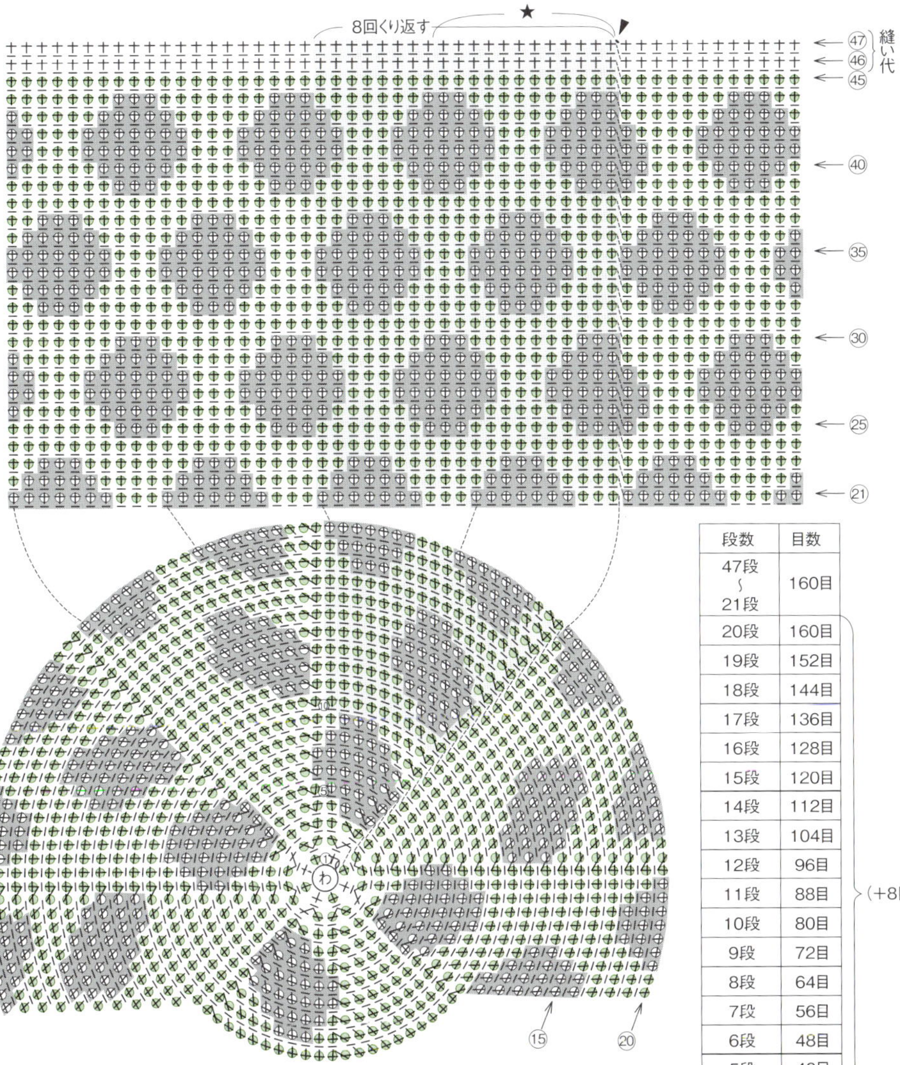

段数	目数
47段〜21段	160目
20段	160目
19段	152目
18段	144目
17段	136目
16段	128目
15段	120目
14段	112目
13段	104目
12段	96目
11段	88目
10段	80目
9段	72目
8段	64目
7段	56目
6段	48目
5段	40目
4段	32目
3段	24目
2段	16目
1段	8目

(+8目)

▶ = 糸を切る
○● = ビーズ編み入れ位置
※1、2段めは図の通り8目ビーズなし

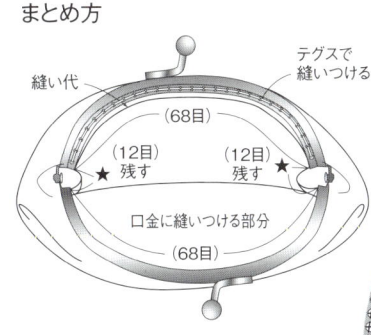

* 中袋はp.40、口金はp.42「基本のつけ方」参照

	14		15	
	ベース	配色	ベース	配色
コットンパール8番糸	オレンジ色(741) 9g	ローズピンク(3687) 6g	赤茶(920) 9g	ライトベージュ(739) 6g
デリカビーズ	オレンジ銀引(DB-45) 18g・3392個	ローズピンク(DB-1808) 12g・2280個	ルビー銀引(DB-1202) 18g・3392個	クリームつや消し(DB-762) 12g・2280個

16 ブロックチェック …写真 p.20

●用意するもの
糸…DMC セベリア10番　ビーズ…MIYUKI デリカビーズ M ※糸とビーズの詳細は表参照　レース針…2号　その他…MIYUKI 10cmくし型ビーズ穴口金（Z0035051 イエロー 丸）、テグス3号(強)各80cm×2本

●でき上がり寸法
幅17cm、深さ12.5cm（口金含まず）

●編み方ポイント
各糸にそれぞれ必要数のビーズを通します。

糸端で作る輪の作り目をして編み始め、図を参照してビーズを編み入れます（p.34参照）。細編みは前段の向こう側半目を拾う細編みのすじ編みで進み、指定の段でベース糸と配色糸をかえて編みます。かえた糸を持ち上げるとき、表に出ないように注意します。ビーズは編み地の裏側に出るので裏を表に使用します。

まとめ…中袋は口金10cm幅用（型紙はp.88参照）です。口金はテグスで本体に縫いつけて仕上げます。

▶ = 糸を切る
○● = ビーズ編み入れ位置

段数	目数	
47段～21段	160目	
20段	160目	
19段	152目	
18段	144目	
17段	136目	
16段	128目	
15段	120目	
14段	112目	
13段	104目	
12段	96目	
11段	88目	(+8目)
10段	80目	
9段	72目	
8段	64目	
7段	56目	
6段	48目	
5段	40目	
4段	32目	
3段	24目	
2段	16目	
1段	8目	

まとめ方
* 中袋はp.40、口金はp.42「基本のつけ方」参照

● 編み地サンプルの配色はp.75

	ベース	配色
セベリア10番	□ ベージュ(739) 16g	■ ベージュ(739) 9g
デリカビーズM	● ライトピンク(DBM-902) 25g・2416個	○ パープル(DBM-1104) 7g・648個

GAMAGUCHI & KOMONO

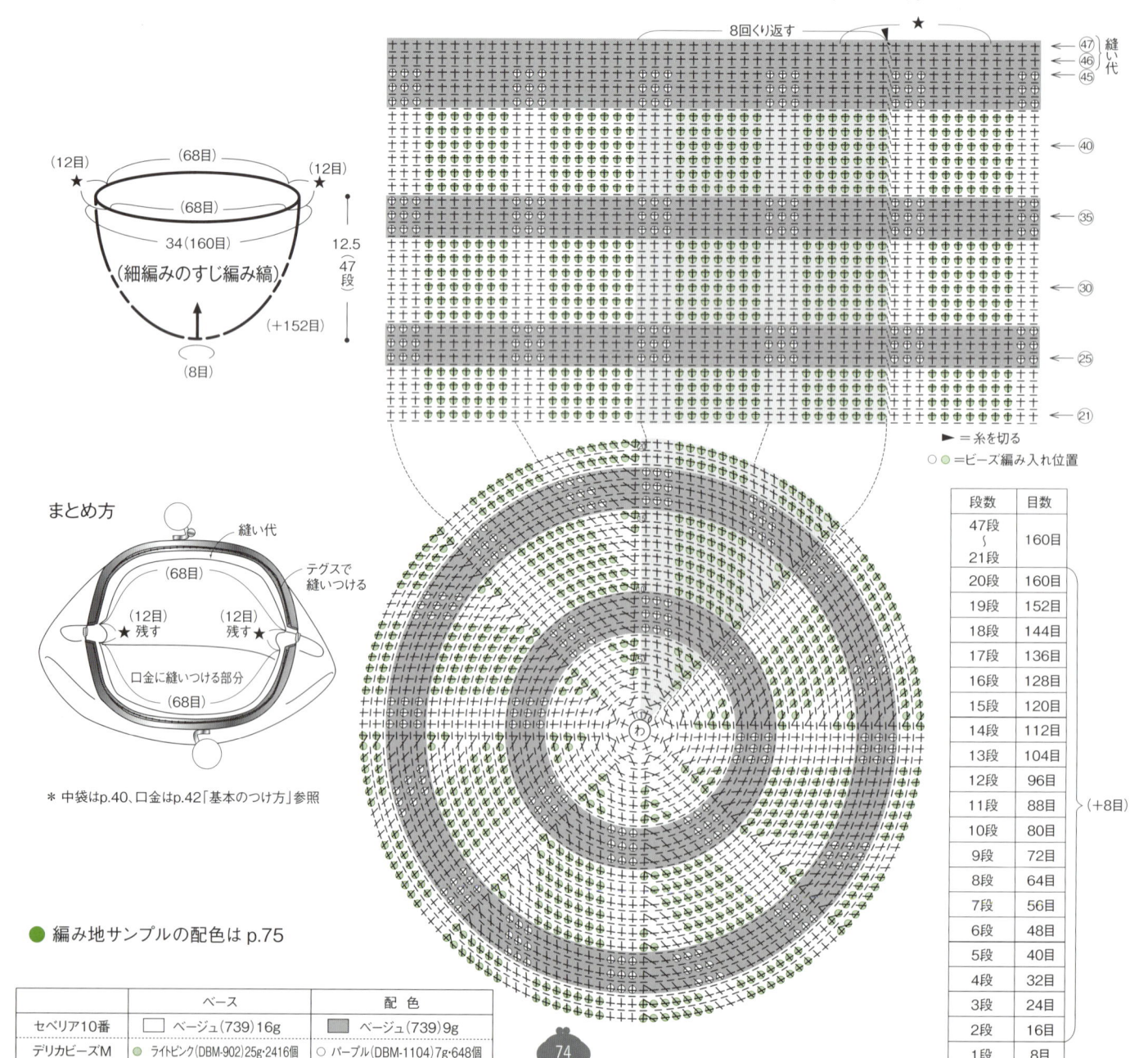

2 ストライプ …写真 p.8

サンプルの配色

	イエロー	ピンク	オレンジ
コットンパール8番糸	淡黄(727)	灰みピンク(335)	柿色(402)
デリカビーズ	パールグリーン(DB-163)	ローズピンク(DB-282)	クリーム色(DB-732)

3 ○＋ …写真 p.9

サンプルの配色

	ネイビー	ローズ	ブルー
コットンパール8番糸	群青色(930)	ストロベリー(600)	明るい青緑(993)
デリカビーズ	クリーム色(DB-732)	クリーム色(DB-732)	クリーム色(DB-732)

16 ブロックチェック …写真 p.20

サンプルの配色

		ベース	配色
グリーン	セベリア10番	ベージュ(739)	ベージュ(739)
グリーン	デリカビーズM	グリーンつや消し(DBM-877)	こげ茶(DBM-715)
レッド	セベリア10番	クリーム色(746)	クリーム色(746)
レッド	デリカビーズM	赤(DBM-723)	黒つや消し(DBM-310)

21 アーガイル …写真 p.27

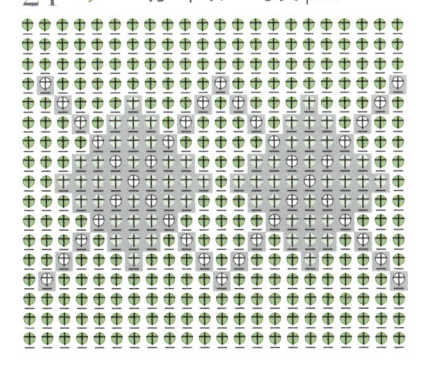

サンプルの配色

		ベース	配色
グリーン	セベリア10番	緑(989)	緑(989)
グリーン	デリカビーズM	黄緑(DBM-712)	カプリブルー銀引(DBM-149) オレンジ色(DBM-722)
イエロー	セベリア10番	黄(726)	白(B5200)
イエロー	デリカビーズM	イエローつや消し(DBM-854)	白つや消し(DBM-351) ピンク(DBM-914)

17.18 | 2枚合わせのフラワー …写真 p.22

●用意するもの
糸…DMC コットンパール8番糸　ビーズ…MIYUKI デリカビーズ　※糸とビーズの詳細は表参照　レース針…4号　その他…トーカイ 口金6cm幅、テグス3号(強)各35cm×2本

●でき上がり寸法
幅7.5cm、深さ7.2cm（口金含まず）

●編み方ポイント
各糸にそれぞれ必要数のビーズを通します。糸端で作る輪の作り目をして編み始めます。図を参照してベース糸と配色糸の編み込み模様でビーズを編み入れながら、前段の向こう側半目を拾う細編みのすじ編みで編みます(p.36参照)。編み込み模様は渡り糸をくるみながら編みますが、編み目の高さが出ないように細編みの足を短めに編みます。ビーズは編み地の裏側に出るので裏を表に使用します。

まとめ…側面2枚をビーズ面を外側に合わせ、側面の下部(★〜★まで)の最終段の細編み頭2本を拾って巻きかがりでとじます。中袋をつけ、口金はテグスで本体に縫いつけて仕上げます。口金はフラットにつけるつけ方です。

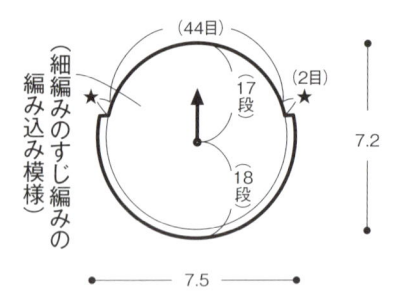

	17		18	
	コットンパール8番糸	デリカビーズ	コットンパール8番糸	デリカビーズ
A面	明るい黄(743)3g	黄(DB-1582)5g・908個	えんじ(321)3g	赤つや消し(DB-753)5g・908個
	シルバーホワイト(822)1g	ライトグレー(DB-1286)2g・320個	ライトベージュ(739)1g	生成り(DB-883)2g・320個
B面	ベージュ(738)3g	金茶つや消し(DB-852)5g・908個	ライトベージュ(739)3g	生成り(DB-883)5g・908個
	赤紫(718)1g	赤紫(DB-281)2g・320個	えんじ(321)1g	赤つや消し(DB-753)2g・320個

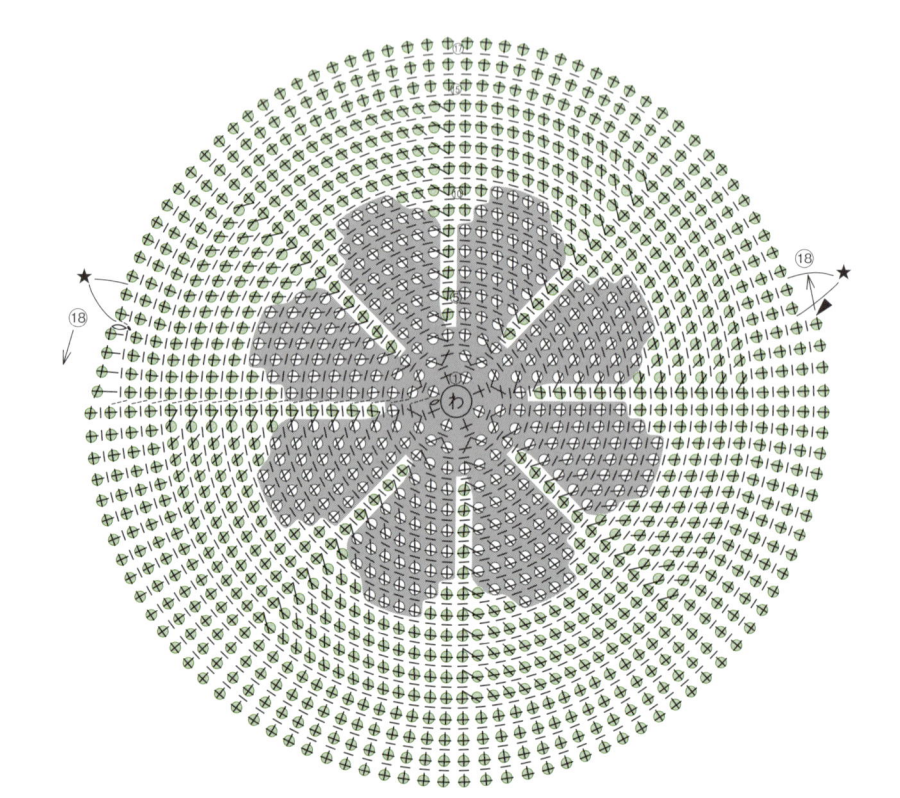

►＝糸を切る
○●＝ビーズ編み入れ位置
※1、2段めは図の通り8目ビーズなし

段数	目数	
18段	64目	図参照
17段	108目	
15・16段	112目	
14段	112目	
13段	104目	
12段	96目	
11段	88目	
10段	80目	
9段	72目	
8段	64目	(+8目)
7段	56目	
6段	48目	
5段	40目	
4段	32目	
3段	24目	
2段	16目	
1段	8目	

作品17.18の中袋
実物大型紙　2枚

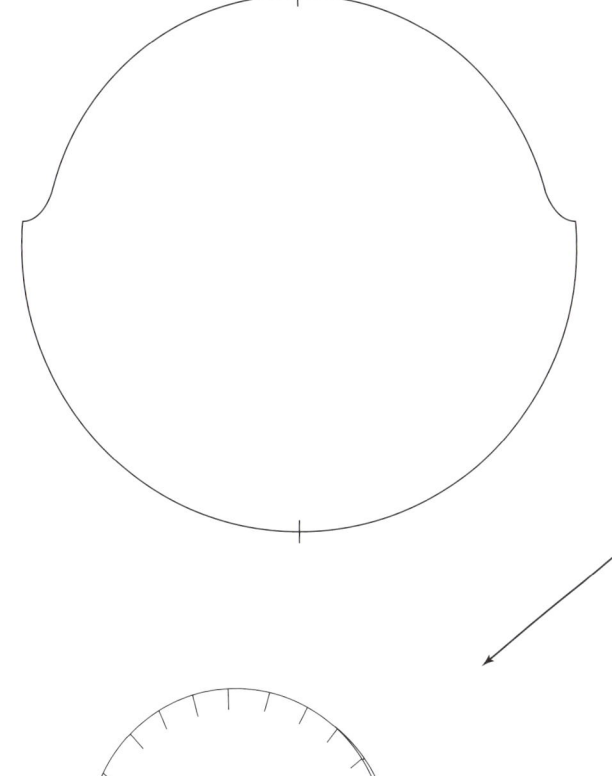

中袋の作り方
縫い代を5〜6mmとって布をカットする

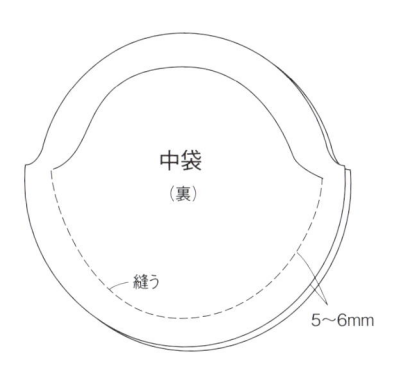

中袋
(裏)

縫う

5〜6mm

中袋を中表に合わせ下半分を1cm
縫い縮める

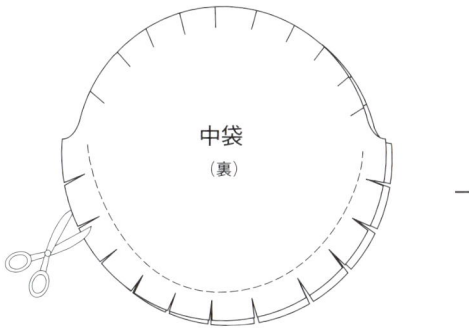

中袋
(裏)

周りを数カ所切り込みを入れる

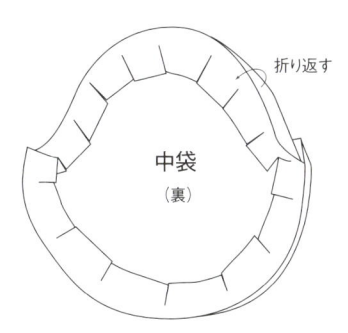

折り返す

中袋
(裏)

縫い代を折り返してアイロンで形を整え、入れ口の
部分を本体最終段の1段下のすじ目に縫いつける

まとめ方

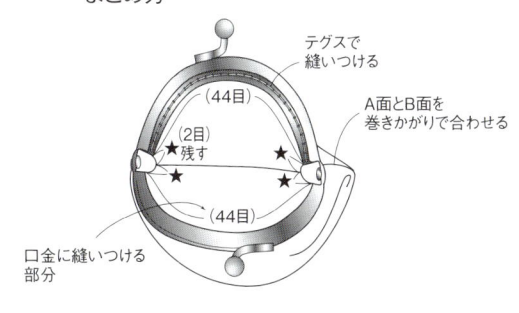

テグスで
縫いつける

(44目)

A面とB面を
巻きかがりで合わせる

(2目)
★残す

(44目)

口金に縫いつける
部分

＊中袋はp.40、口金はp.43「ノラットにつける」参照

25 小さな巾着〈格子〉 …写真 p.46

●**用意するもの**
糸…DMC コットンパール8番糸　ビーズ…MIYUKI デリカビーズ　※糸とビーズの詳細は表参照　レース針…4号　その他…ひも35cm、わた

●**でき上がり寸法**
幅7.3cm、深さ6.5cm

●**編み方ポイント**
各糸にそれぞれ必要数のビーズを通します。糸端で作る輪の作り目をして編み始めます。図を参照してベース糸と配色糸の編み込み模様でビーズを編み入れながら、前段の向こう側半目を拾う細編みのすじ編みで26段まで編みます(p.36参照)。編み込み模様は渡り糸をくるみながら編みますが、編み目の高さが出ないように細編みの足を短めに編みます。27段めは細編みのすじ編み、28～31段は細編みで編みますが、29段めにひも通し穴を作ります。ビーズは編み地の裏側に出るので裏を表に使用します。
まとめ…中袋は巾着用(型紙はp.81参照)です。図を参照してひも通し穴にひもを通して先をひと結びし、ひも止め用のボールを編んでつけます。

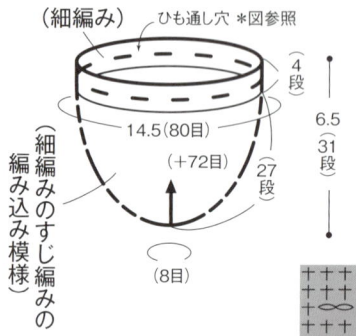

	ベース	配色・ボール
コットンパール8番糸	黄緑(704) 5g	たまご色(744) 2g
デリカビーズ	ライトグリーン(DB-754) 6g・1184個	金茶オーロラ(DBC-100) 3g・528個 ボール76個

● まとめ方図、中袋の型紙はp.81

ボール(ひも止め用)

▶ = 糸を切る
○ = ビーズ編み入れ位置
※1、2段めは図の通り8ビーズなし

段数	目数
31段～11段	80目
10段	80目
9段	72目
8段	64目
7段	56目
6段	48目
5段	40目
4段	32目
3段	24目
2段	16目
1段	8目

(+8目)

26 小さな巾着〈ブロックチェック〉…写真 p.46

●用意するもの
糸…DMC コットンパール8番糸　ビーズ…MIYUKI デリカビーズ　※糸とビーズの詳細は表参照　レース針…4号　その他…ひも35cm、わた

●でき上がり寸法
幅7.3cm、深さ6.5cm

●編み方ポイント
各糸にそれぞれ必要数のビーズを通します。糸端で作る輪の作り目をして編み始めます。図を参照してベース糸と配色糸の編み込み模様でビーズを編み入れながら、前段の向こう側半目を拾う細編みのすじ編みで26段まで編みます（p.36参照）。編み込み模様は渡り糸をくるみながら編みますが、編み目の高さが出ないように細編みの足を短めに編みます。27段めは細編みのすじ編み、28～31段は細編みで編みますが、29段めにひも通し穴を作ります。ビーズは編み地の裏側に出るので裏を表に使用します。
まとめ…中袋は巾着用（型紙は p.81参照）です。図を参照してひも通し穴にひもを通して先をひと結びし、ひも止め用のボールを編んでつけます。

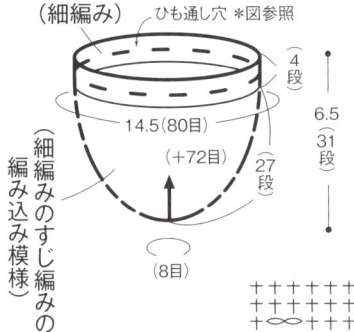

	ベース・ボール	配色
コットンパール8番糸	□ ダークレッド(347) 4g	▨ 柿色(402) 2g
デリカビーズ	○ ローズピンク(DB-282) 6g・1088個 ○ ボール76個	● ベビーピンク(DBC-62) 3g・624個

●まとめ方図、中袋の型紙は p.81

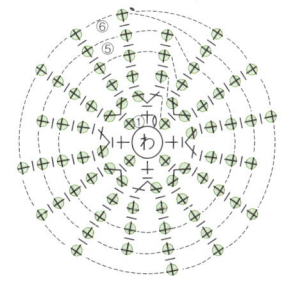

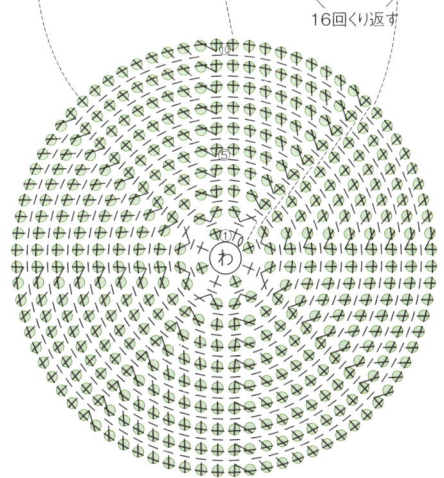

▶ ＝糸を切る
○● ＝ビーズ編み入れ位置
※1、2段は図の通り8目ビーズなし

段数	目数
31段～11段	80目
10段	80目
9段	72目
8段	64目
7段	56目
6段	48目
5段	40目
4段	32目
3段	24目
2段	16目
1段	8目

(+8目)

27 小さな巾着〈ツートーン〉 …写真 p.46

●**用意するもの**
糸…DMC コットンパール8番糸　ビーズ…MIYUKI デリカビーズ　※糸とビーズの詳細は表参照　レース針…4号　その他…ひも35cm、わた

●**でき上がり寸法**
幅7.3cm、深さ6.5cm

●**編み方ポイント**
糸に必要数のビーズを指定の順番で通します。糸端で作る輪の作り目をして編み始め、図を参照してビーズを編み入れながら、前段の向こう側半目を拾う細編みのすじ編みで26段編みます。ビーズは編み地の裏側に出るので裏を表に使用します。27段めからは配色糸にかえて、細編みのすじ編み、28～31段は細編みで編みますが、29段めにひも通し穴を作ります。
まとめ…中袋は巾着用（型紙はp.81参照）です。図を参照してひも通し穴にひもを通して先をひと結びし、ひも止め用のボールを編んでつけます。

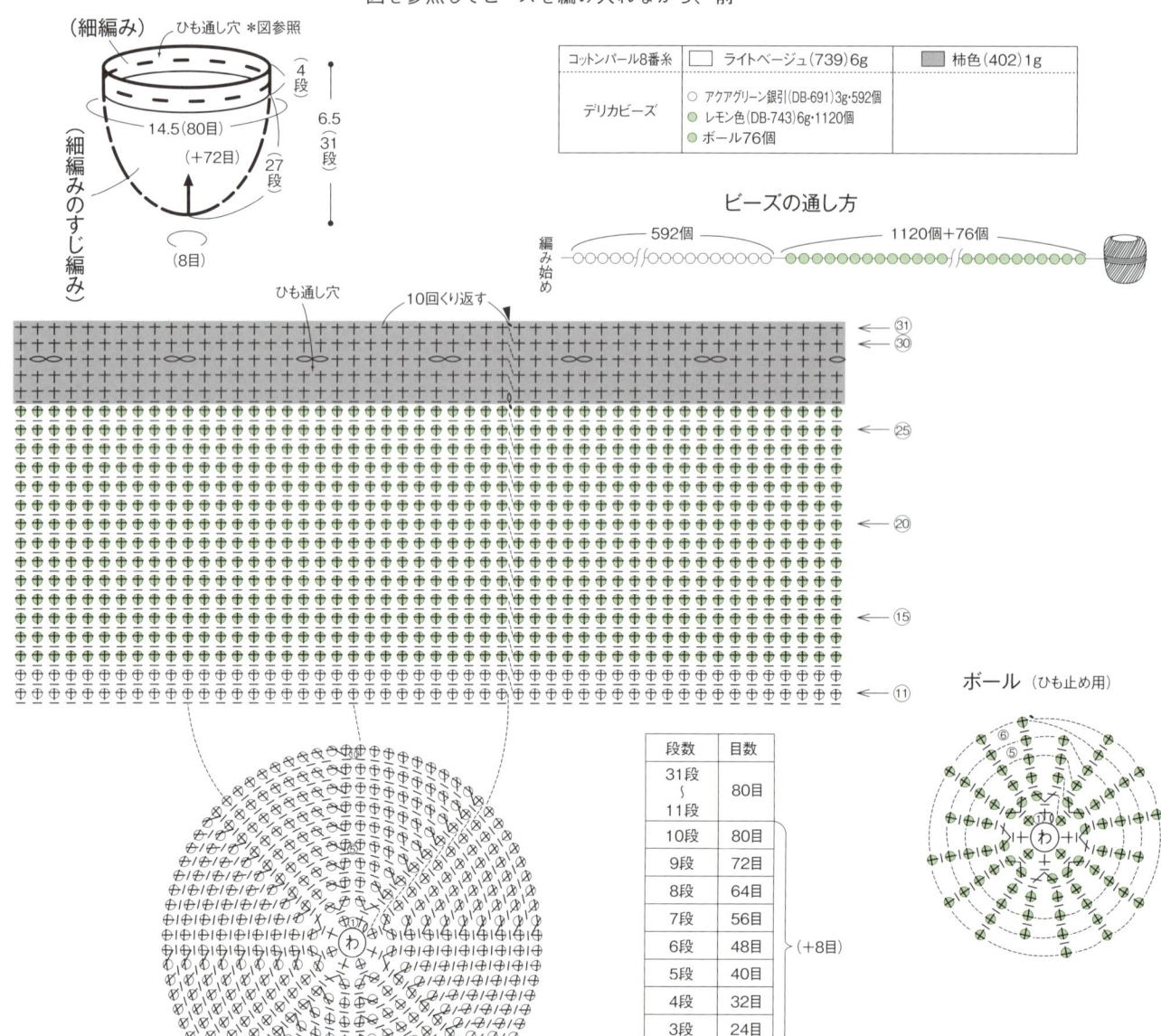

コットンパール8番糸	□	ライトベージュ(739) 6g	■	柿色(402) 1g
デリカビーズ	○	アクアグリーン銀引(DB-691) 3g・592個		
	●	レモン色(DB-743) 6g・1120個		
		ボール76個		

ビーズの通し方
編み始め ← 592個 — 1120個+76個

段数	目数	
31段～11段	80目	
10段	80目	
9段	72目	(+8目)
8段	64目	
7段	56目	
6段	48目	
5段	40目	
4段	32目	
3段	24目	
2段	16目	
1段	8目	

► = 糸を切る
● ○ = ビーズ編み入れ位置
※1、2段めは図の通り8目ビーズなし

ボール（ひも止め用）

作品25.26.27巾着用中袋
　　実物大型紙

＊中袋はp.40を参照して仕立て、本体の27段め下のすじ目に縫いつける

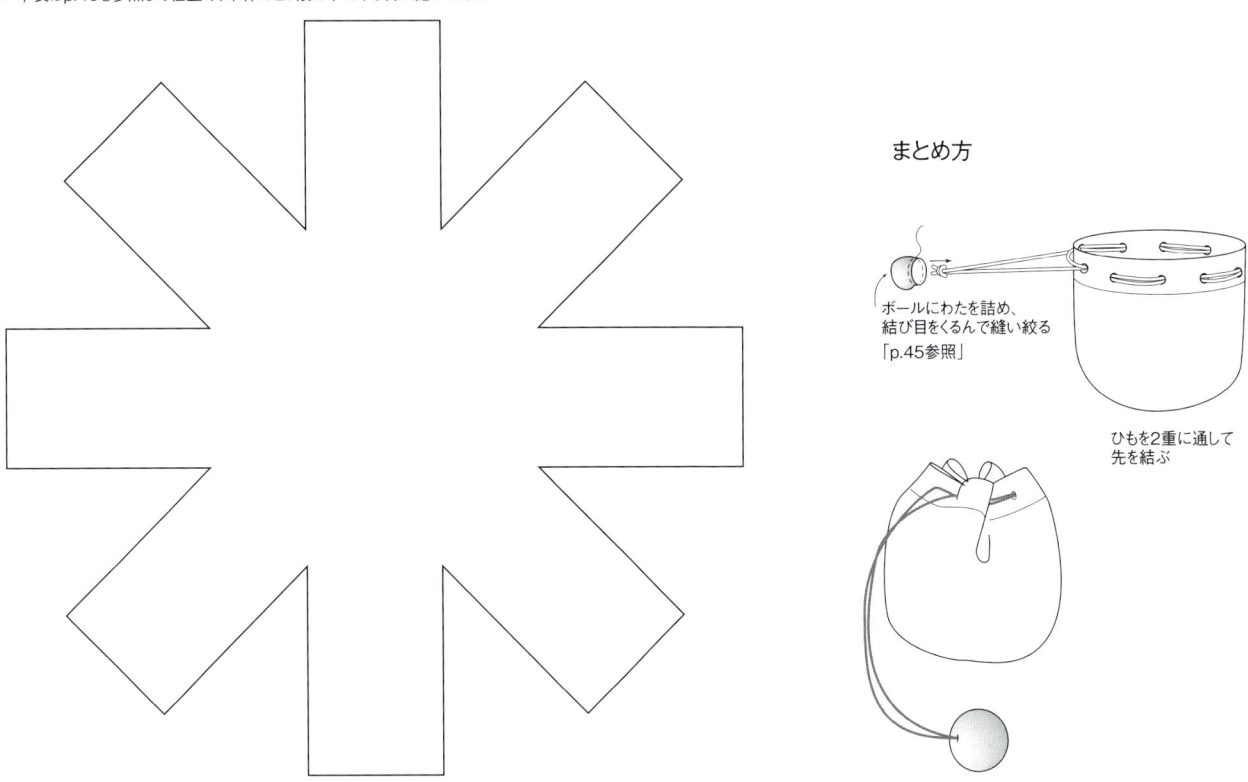

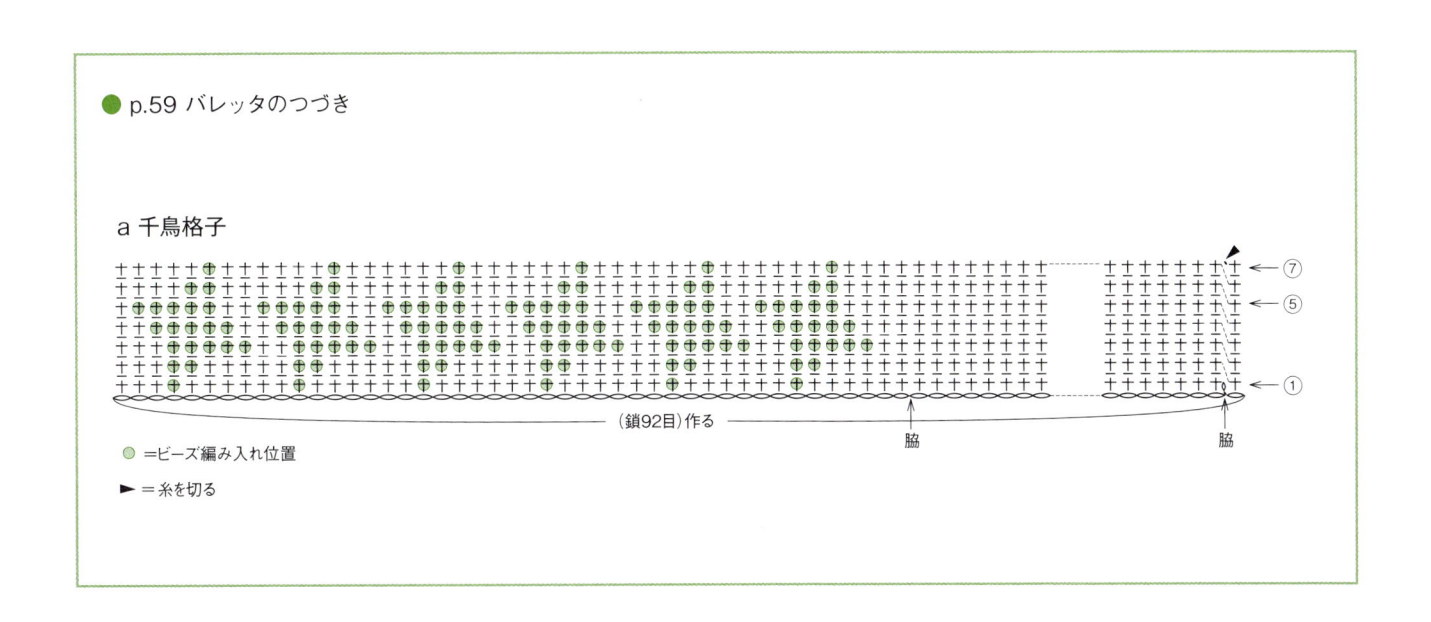

まとめ方

ボールにわたを詰め、
結び目をくるんで縫い絞る
「p.45参照」

ひもを2重に通して
先を結ぶ

● p.59 バレッタのつづき

a 千鳥格子

（鎖92目）作る
脇　脇

● ＝ビーズ編み入れ位置
▶ ＝糸を切る

30 | 手裏剣 …写真 p.53

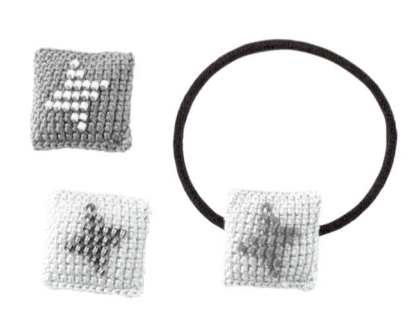

●**用意するもの**
糸…DMC セベリア10番　ビーズ…MIYUKI デリカビーズ M　※糸とビーズの詳細はそれぞれ表参照　レース針…2号　その他…ヘアゴム、ブローチピン、わた

●**でき上がり寸法**
約 2.5cm × 2.5cm（本体）

●**編み方ポイント**
糸に必要数のビーズを通します。鎖26目で作り目をし、最初の鎖に引き抜いて輪にします。1段めのみ鎖1目で立ち上がり、図を参照して指定の位置にビーズを編み入れながら、前段の向こう側半目を拾う細編みのすじ編みで筒状に9段編みます。ビーズは編み地の裏側に出るので裏を表に使用します。

まとめ…編み始めと終わりの境い目が脇になるように編み地を畳み、わたを入れて上下をとじ合わせます。まとめ方を参照して本体の裏にヘアゴムやブローチピンを縫いつけます。

まとめ方

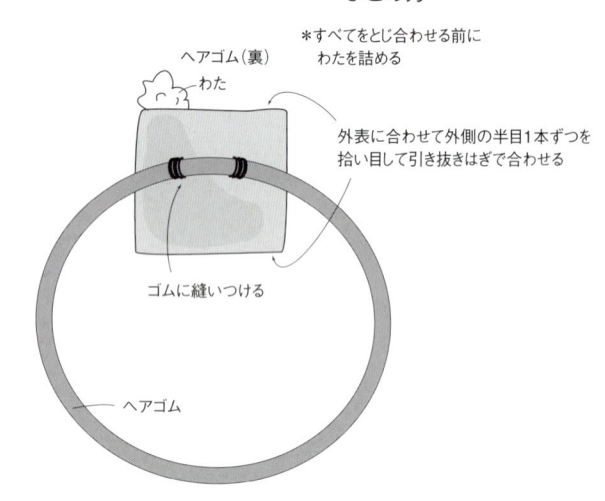

*すべてをとじ合わせる前にわたを詰める

ヘアゴム（裏）　わた
外表に合わせて外側の半目1本ずつを拾い目して引き抜きはぎで合わせる
ゴムに縫いつける
ヘアゴム

	セベリア10番 各色1g	デリカビーズM ● 各色21個
ヘアゴム	ベージュ(739)	チェリーレッド(DBM-856)
ブローチ(黄緑×黄)	黄緑(989)	イエロー(DBM-721)
ブローチ(黄×ブルー)	黄(726)	カプリブルー銀引(DBM-149)

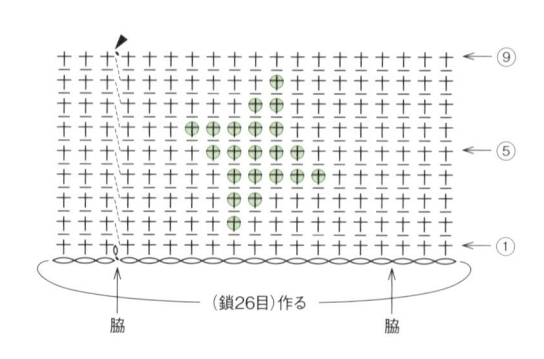

←⑨
←⑤
←①
（鎖26目）作る
脇　　　脇

▶=糸を切る
●=ビーズ編み入れ位置

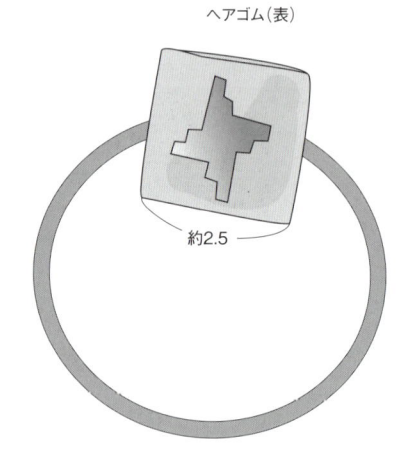

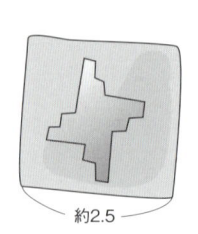

ヘアゴム（表）
約2.5

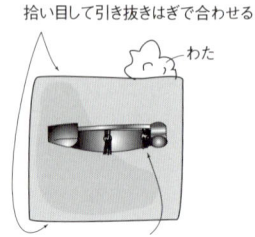

ブローチ（裏）
外表に合わせて外側の半目1本ずつを拾い目して引き抜きはぎで合わせる
わた
ブローチピンを縫いつける
*すべてをとじ合わせる前にわたを詰める

ブローチ（表）
約2.5

31 ブロック …写真 p.53

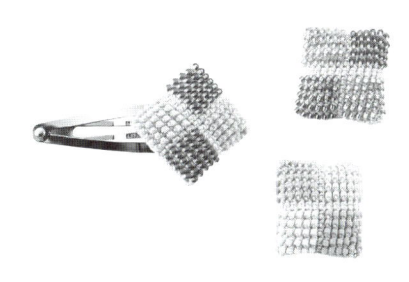

●用意するもの
糸…DMC コットンパール8番糸　ビーズ…MIYUKI デリカビーズ　※糸とビーズの詳細はそれぞれ表参照　レース針…4号
その他…ヘアピン、ブローチピン、わた

●でき上がり寸法
約 2.5cm × 2.5cm（本体）

●編み方ポイント
糸に必要数のビーズを指定の順番で通します。鎖26目で作り目をし、最初の鎖に引き抜いて輪にします。1段めのみ鎖1目で立ち上がり、図を参照して指定の位置にビーズを編み入れながら、前段の向こう側半目を拾う細編みのすじ編みで筒状に11段編みます。ビーズは編み地の裏側に出るので裏を表に使用します。

まとめ…編み始めと終わりの境い目が脇になるように編み地を畳み、わたを入れて上下をとじ合わせます。まとめ方を参照して本体の裏にヘアピンやブローチピンを縫いつけます。

	コットンパール8番糸 各少々	デリカビーズ 各色60個
ヘアピン		● シェルピンク(DB-207)　○ 茶(DB-764)
ブローチ(ピンク×黄緑)	ライトベージュ(739)	● クリスタルピンク(DB-1341)　○ 黄緑(DB-1206)
ブローチ(黄×水色)		● 黄(DB-1582)　○ 水色(DB-878)

まとめ方

*すべてをとじ合わせる前にわたを詰める

ヘアピン(裏)

外表に合わせて外側の半目1本ずつを拾い目して引き抜きはぎで合わせる

わた

外表に合わせて外側の半目1本ずつを拾い目して引き抜きはぎで合わせる

ヘアピンに縫いつける

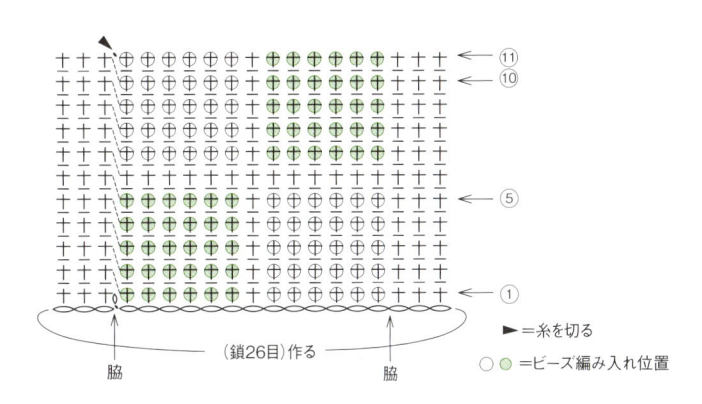

（鎖26目）作る

脇　　脇

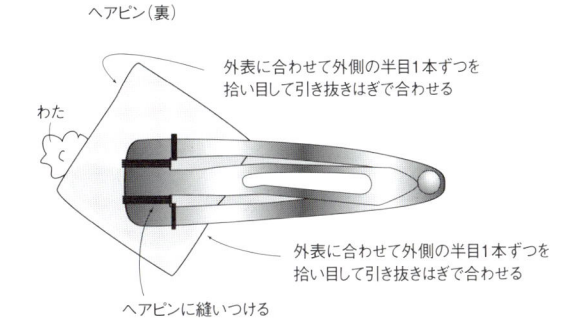

▶=糸を切る
○ ●=ビーズ編み入れ位置

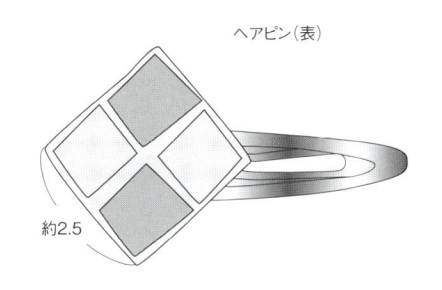

ヘアピン(表)
約2.5

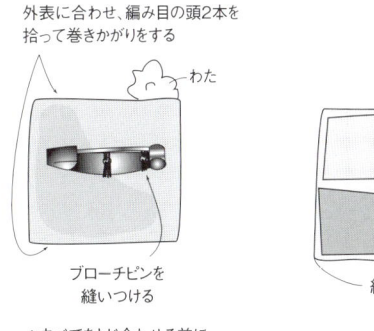

ブローチ(裏)
外表に合わせ、編み目の頭2本を拾って巻きかがりをする
わた
ブローチピンを縫いつける
*すべてをとじ合わせる前にわたを詰める

ブローチ(表)
約2.5

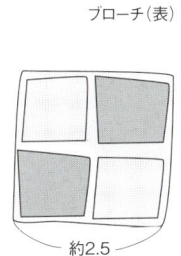

ビーズの通し方

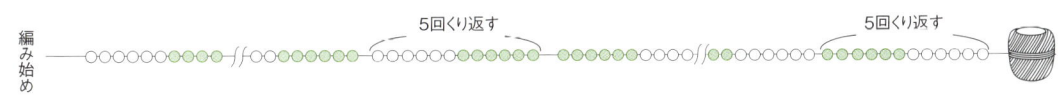

編み始め　　5回くり返す　　5回くり返す

32 カラフル ◎ …写真 p.54

●用意するもの
糸…DMC コットンパール8番糸　ビーズ…MIYUKI デリカビーズ　※糸とビーズの詳細はそれぞれ表参照　レース針…4号
その他…ヘアピン、ヘアゴム、バレッタ、わた、両面テープ

●でき上がり寸法
直径 2.5cm（モチーフ）

●編み方ポイント
糸にそれぞれ必要数のビーズを通します。

糸端で作る輪の作り目をして編み始め、表面は図を参照してビーズを編み入れながら、前段の向こう側半目を拾う細編みのすじ編みで編みます。1〜3段と、4・5段で糸をかえます。ビーズは編み地の裏側に出るので裏を表に使用します。裏面はビーズを入れずに細編みのすじ編みで編みます。
まとめ…表面の裏、裏面の表を外表に合わせ、わたを入れて周りをとじ合わせます。まとめ方を参照して本体の裏にヘアゴムやヘアピン、バレッタを縫いつけます。

まとめ方
*すべてをとじ合わせる前にわたを詰める

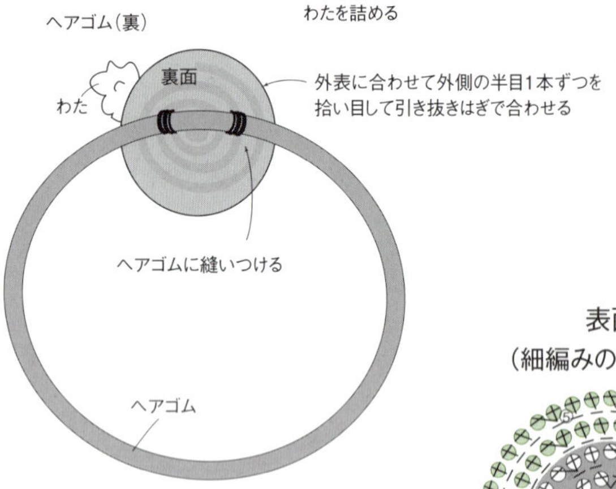

- ヘアゴム（裏）：外表に合わせて外側の半目1本ずつを拾い目して引き抜きはぎで合わせる
- ヘアゴムに縫いつける
- ヘアゴム

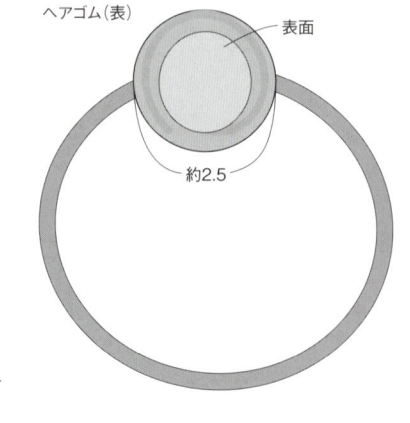

- ヘアゴム（表）：表面　約2.5

表面の配色
* 裏面は表面の4〜5段めと同じ糸で編む

		1〜3段		4〜5段	
		コットンパール8番糸 各少々	デリカビーズ ○ 40個	コットンパール8番糸 各少々	デリカビーズ ● 72個
ヘアピン		明るい黄(743)	黄(DB-1582)	ローズピンク(3687)	ローズピンク(DB-1808)
ヘアゴム		オレンジ色(741)	オレンジ色(DB-1777)	オリーブグリーン(3347)	ライトグリーン(DB-754)
バレッタ	a	明るい青緑(993)	アクアグリーン(DB-1767)	茶色(898)	茶色(DB-764)
	b	群青色(930)	紫(DB-1754)	黄緑(704)	黄緑(DB-1206)
	c	シルバーホワイト(822)	グレー(DB-680)	明るい黄(743)	黄(DB-1582)

モチーフ
表面（細編みのすじ編み）　2.5
裏面（細編みのすじ編み）　2.5

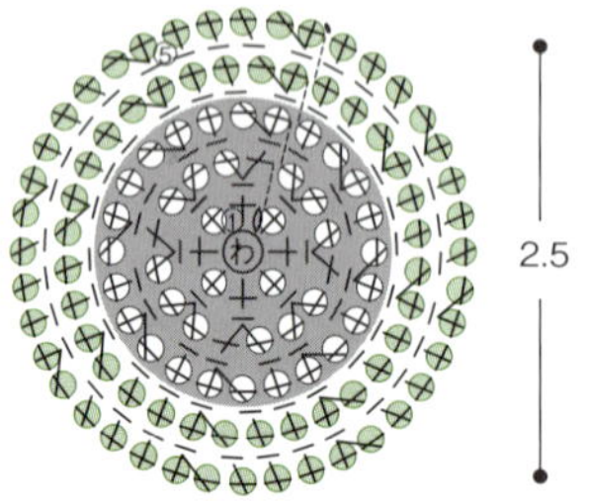

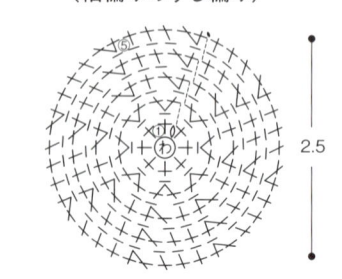

※1、2段めは図の通り8目ビーズなし
○ ● ＝ビーズ編み入れ位置

段数	目数
5段	40目
4段	32目
3段	24目
2段	16目
1段	8目

(＋8目)

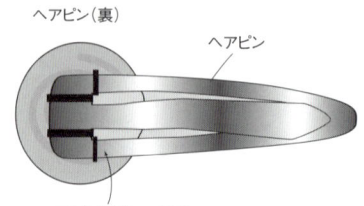

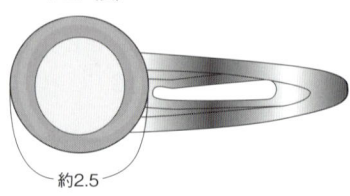

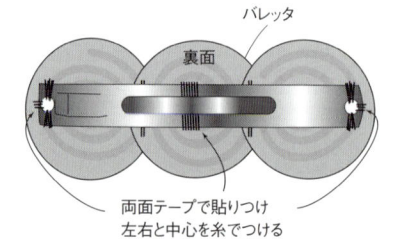

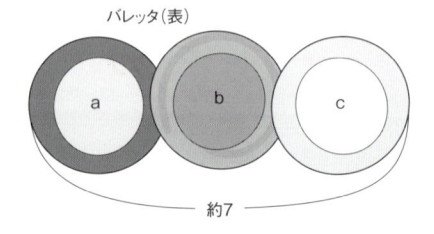

- ヘアピン（裏）：ヘアピン／ヘアピンに縫いつける
- ヘアピン（表）：約2.5

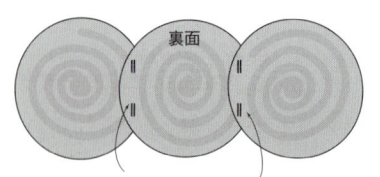

- バレッタ（裏）：裏面／3枚のモチーフを重ねて縫いとめる
- バレッタ：裏面／両面テープで貼りつけ左右と中心を糸でつける
- バレッタ（表）：a b c　約7

GAMAGUCHI & KOMONO

33 雪柄ピン …写真 p.55

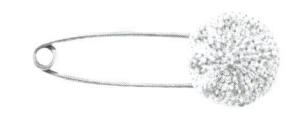

●用意するもの
糸…DMC セベリア10番　ビーズ…MIYUKI デリカビーズM　※糸とビーズの詳細はそれぞれ表参照　レース針…4号
その他…カブトピン、わた

●でき上がり寸法
直径3cm（モチーフ）

●編み方ポイント
糸に必要数のビーズを通します。糸端で作る輪の作り目をして編み始め、表面は図を参照してビーズを編み入れながら、前段の向こう側半目を拾う細編みのすじ編みで編みます。ビーズは編み地の裏側に出るので裏を表に使用します。裏面はビーズを入れずに細編みのすじ編みで編みます。
まとめ…表面の裏、裏面の表を外表に合わせ、わたを入れて周りをとじ合わせます。まとめ方を参照して本体の裏にカブトピンを縫いつけます。

	a	b
セベリア10番 各1g	ベージュ(739)	紺(823)
デリカビーズM 各1g・48個	水色(DBM-44)	白つや消し(DBM-351)

まとめ方

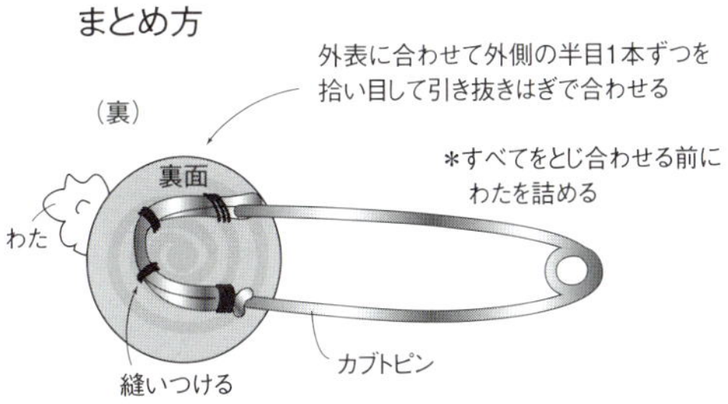

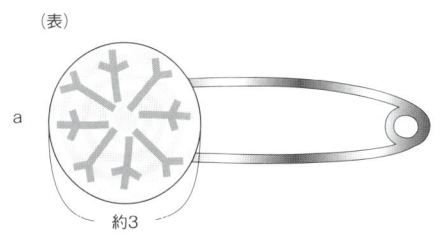

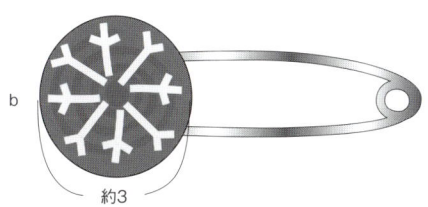

外表に合わせて外側の半目1本ずつを拾い目して引き抜きはぎで合わせる
*すべてをとじ合わせる前にわたを詰める

（裏）裏面　わた　縫いつける　カブトピン

（表）a　約3
（表）b　約3

モチーフ
*きつく編んだ方が柄がきれいに出ます

表面
（細編みのすじ編み）

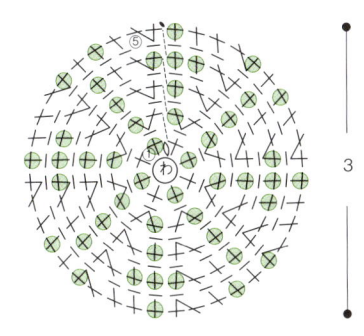

◯ ＝ビーズ編み入れ位置

段数	目数
5段	40目
4段	32目
3段	24目
2段	16目
1段	8目

(+8目)

裏面
（細編みのすじ編み）

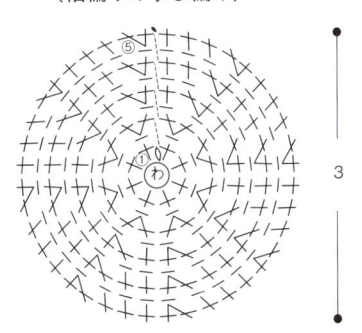

34 シュシュ …写真 p.56

●用意するもの
糸…DMC コットンパール 8 番糸 茶（898）各 3g　ビーズ…MIYUKI ベリービーズ、丸小ビーズ、ドロップビーズ 3.3 × 5.5 ※詳細はそれぞれ表参照　レース針…4号　かぎ針…3/0 号　その他…ヘアゴム

●でき上がり寸法
直径 7 ～ 7.5cm

●編み方ポイント
プロセスの p.57 を参照して編みます。糸を 2 本どりにし、かぎ針 3/0 号でヘアゴムに引き抜き編みを編みつけます。編み終わりは針で始めの目に通してつなぎ、糸端同士を結びます。糸端は目の中にくぐらせて始末します。糸にそれぞれ指定のビーズを必要数通します。レース針 4 号にかえてヘアゴムに編みつけた引き抜きに図のように針を入れ、鎖編みでビーズを編みつけていきます。

ヘアゴムに引き抜き編みを編む
「p.57 参照」
コットンパール 2 本どり　3/0 号針

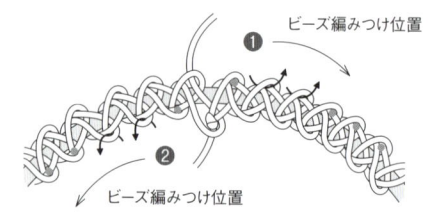

ゴージャス	●ベリービーズ 紫（BB-2441 H6390）9g・80個　○丸小ビーズ 金（#4202 H6422）8g・800個
フレンチ	丸小ビーズ ●青（#149 H5013）●赤（#304 H5673）○クリスタル（#1 H1）各3g・240個
ベリー	○丸小ビーズ 青緑（#229 H5440）2g・140個 ドロップビーズ ●メタル紫（DP-12 H5214）3g・40個　○虹紫（DP-256 H5218）2g・20個、○虹赤（DP-254 H89）3g・40個　●ピンク（DP-140FR H5223）3g・40個

ヘアゴムを間にはさみ引き抜き編みを編む
手前側と向こう側で1セット、1周で80セット編む

ゴージャス　ビーズの通し方
80回くり返す　8個　編み始め　▶ ＝糸を切る
1模様 80回くり返す　① に編みつける

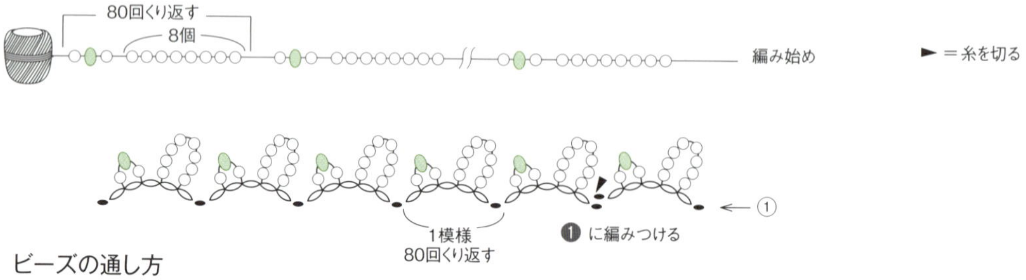

フレンチ　ビーズの通し方
A糸　240個　240個　編み始め
B糸　240個　編み始め
A糸　① に編みつける　② へつづく　① からつづく
B糸　① に編みつける　② に編みつける　※①と同じ目に編みつける

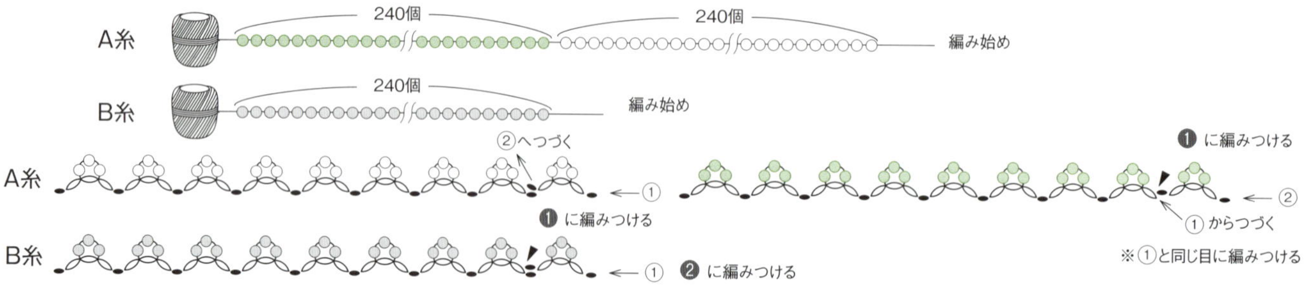

ベリー　ビーズの通し方
20回くり返す　編み始め
1模様 20回くり返す　① に編みつける

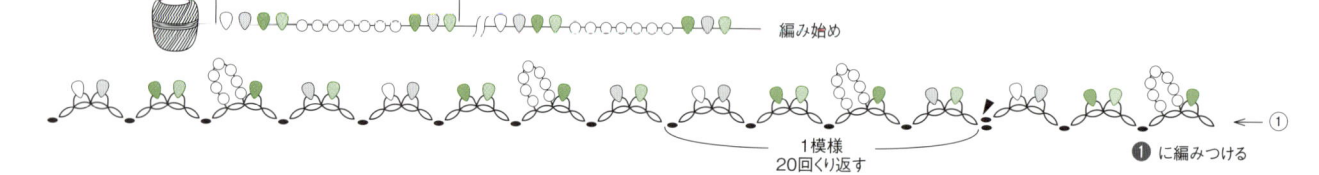

35 | パッチンどめ …写真 p.56

●**用意するもの**
糸…DMC バビロ20番　茶（433）各1g　ビーズ…MIYUKI デリカビーズM　※詳細はそれぞれ表参照　レース針…4号
その他…ヘアピン

●**でき上がり寸法**
約 5.5cm

●**編み方ポイント**
糸に必要数のビーズを指定の順番で通します。鎖18目で作り目をし、表面は図を参照して指定の位置にビーズを編み入れながら、前段の向こう側半目を拾う細編みのすじ編みで編みます。ビーズは編み地の裏側に出るので裏を表に使用します。裏面はビーズを入れずに細編みのすじ編みで編みますが、図の位置で穴を作ります。

まとめ…表面の裏、裏面の表を外表に合わせ、穴にヘアピンの留め部分を通して周りをとじ合わせます。

表面

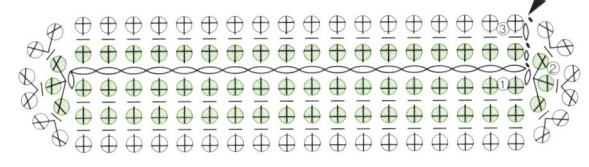

○ =ビーズ編み入れ位置

裏面

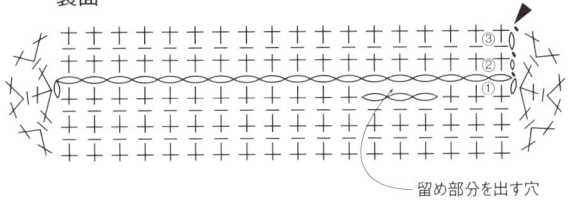

留め部分を出す穴

► =糸を切る

ビーズの通し方

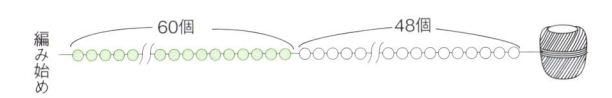

60個　　48個

編み始め

＊ヘアピンをくるむ時に表と裏の編み地を引き伸ばすようにして合わせるため、適正のビーズよりも大きいサイズのビーズを使用します。

まとめ方

裏

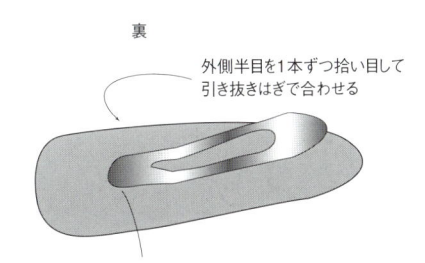

外側半目を1本ずつ拾い目して引き抜きはぎで合わせる

裏面の穴からヘアピンの留め部分を出してから表面と外表に合わせる

表

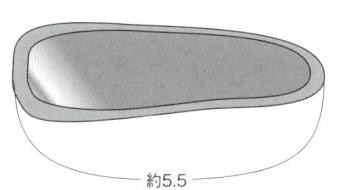

約5.5

デリカビーズM	ピンク×グリーン	パープル×ブルー	グリーン系
1、2段 ● 1g・60個	ライトピンク(DBM-902)	パープル銀引(DBM-1204)	グリーンつや消し(DBM-877)
3段 ○ 1g・48個	黄緑つや消し(DBM-860)	水色(DBM-44)	イエローつや消し(DBM-854)

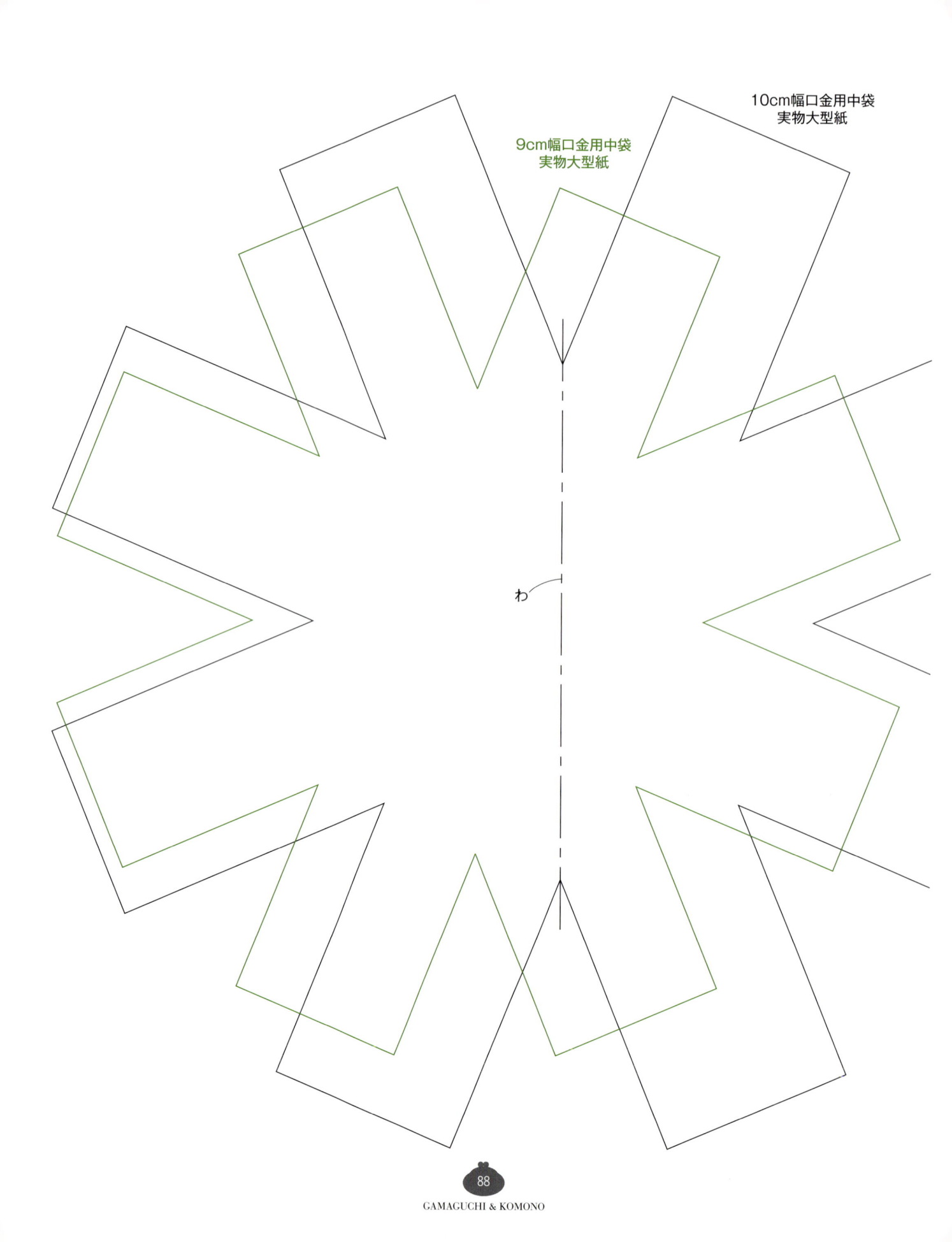

10cm幅口金用中袋
実物大型紙

9cm幅口金用中袋
実物大型紙

わ

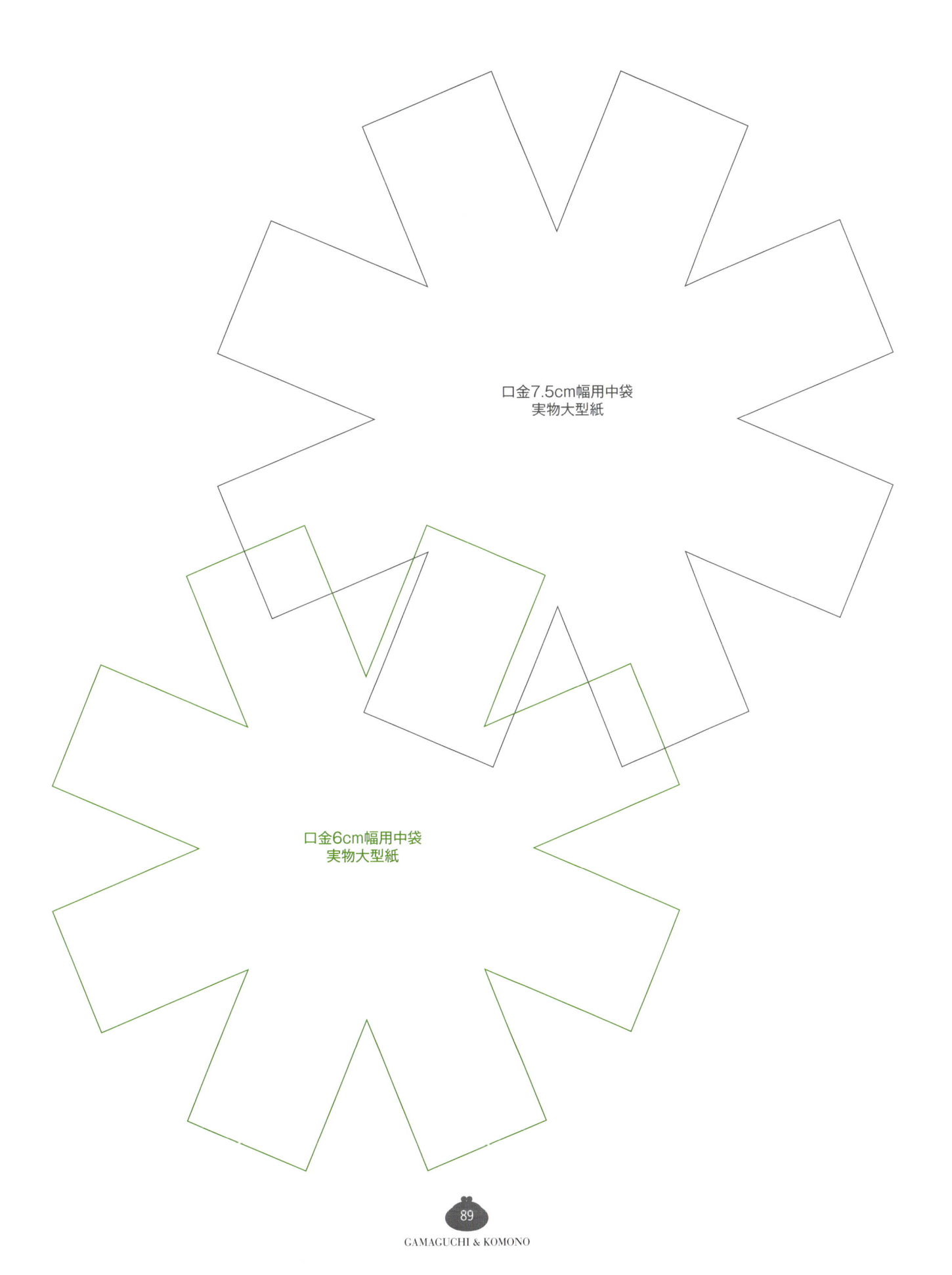

口金7.5cm幅用中袋
実物大型紙

口金6cm幅用中袋
実物大型紙

Technical Guide | かぎ針編み記号と編み方

最初の目の作り目

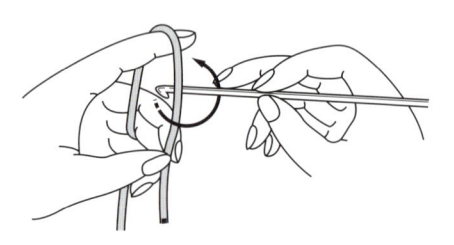

1. 針を糸の向こう側にあて、矢印のように針を一回転させます。

2. 針に糸を巻きつけます。

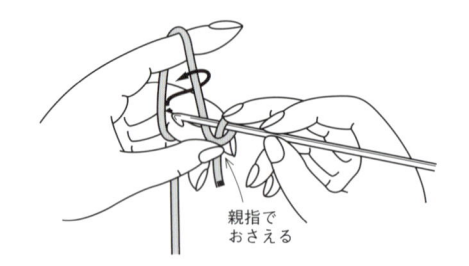

3. 矢印のように針を動かし、糸をかけます。（親指でおさえる）

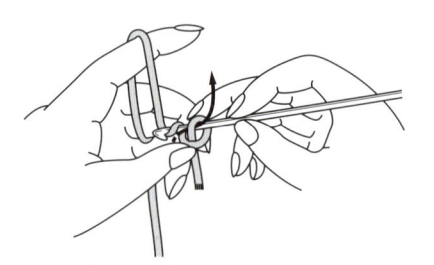

4. 糸を引き出します。

5. 糸端を引いて締めます。（引きしめる）

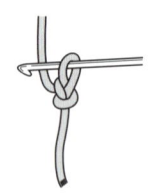

6. 最初の目のでき上がり。この目は作り目の数に含まれません。

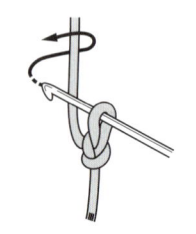

鎖目 ○○○○○○

1. 矢印のように針を動かして糸をかけます。

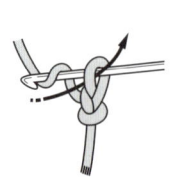

2. 針にかかった目の中から糸を引き出すと、鎖が1目編めます。

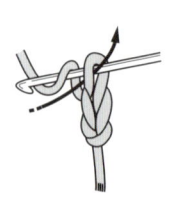

3. 同じように糸をかけて引き出します。

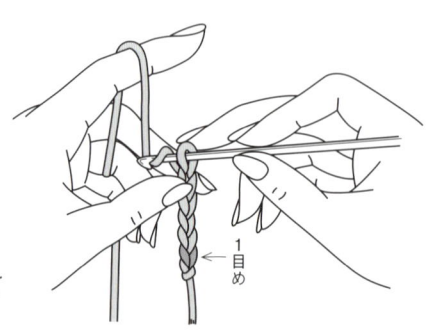

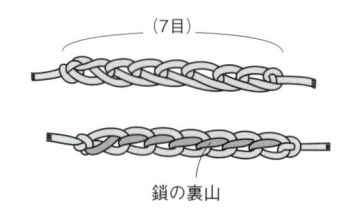

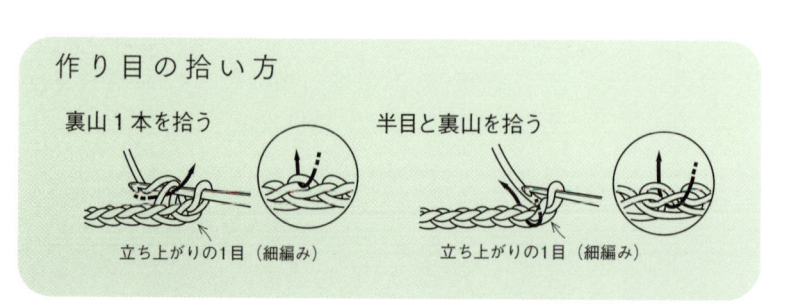

←1目め

(7目)

鎖の裏山

作り目の拾い方

裏山1本を拾う
立ち上がりの1目（細編み）

半目と裏山を拾う
立ち上がりの1目（細編み）

糸端で作る輪の作り目

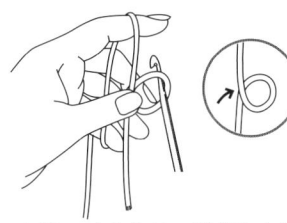

1. 糸端で輪を作り、親指と中指で押さえて持ちます。

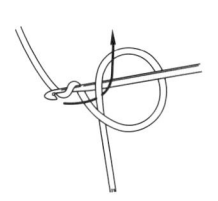

2. 輪の中に針を入れて糸を引き出します。

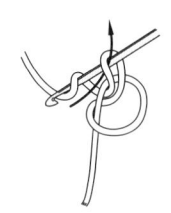

3. 輪の作り目ができました。もう一度糸をかけ、引き出します。

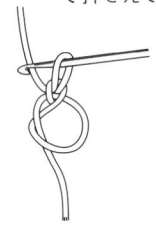

4. 編む糸を引いて、最初の鎖目を引き締めます。この目は1目と数えません。

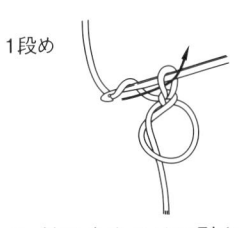

5. 針に糸をかけて引き出し、細編みの立ち上がり鎖1目を編みます。

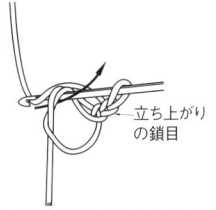

6. 輪の中に針を入れて、矢印のように糸を引き出します。

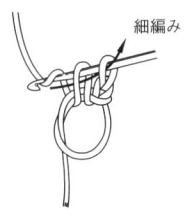

7. 糸をかけて一度に引き、細編みが1目編めました。6,7をくり返して必要目数を編みます。

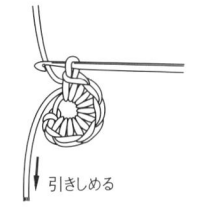

8. 1段めの細編みが編めたら、糸端を引いて中心の輪を引き締めます。

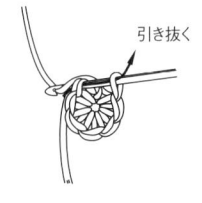

9. 1目めの細編みの頭2本に針を入れ、糸端も一緒にかけて引き抜きます。

鎖編みの輪の作り目

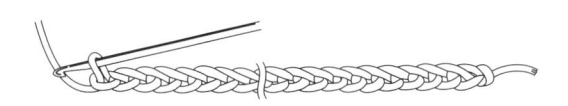

1. 必要な目数を鎖編みで編みます。

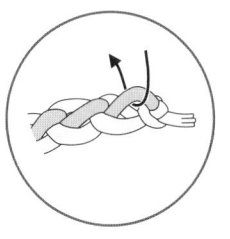

2. 最初の鎖の裏山に針を入れて輪にします。このときに細編みがねじれないように注意しましょう。

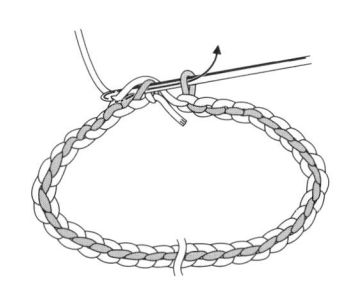

3. 糸をかけて引き出します。

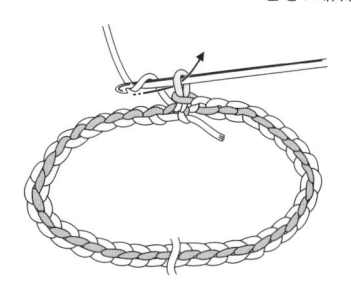

4. 立ち上がりの鎖1目を編みます。

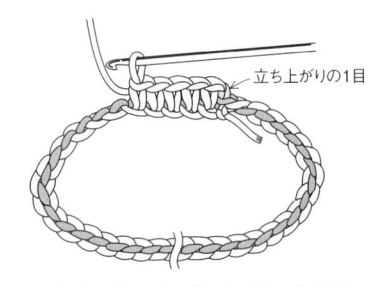

5. 裏山を拾いながら細編みを編んでいきます。

Technical Guide | かぎ針編み記号と編み方

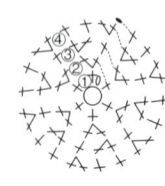

細編みでぐるぐると編む

鎖編みの立ち上がりの鎖を編まずにぐるぐる編みます。段の境い目が分かりにくいので、糸印をつけて編みましょう。

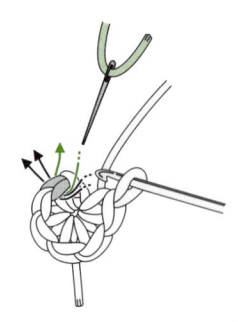

1. 必要目数を1段編んだら、編み始めの細編みに糸印をつけます。

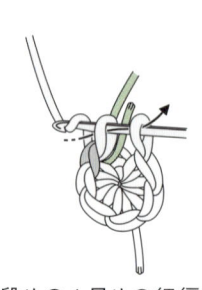

2. 1段めの1目めの細編みの頭に細編みを2目ずつ編みます。このとき糸端をくるみながら編みます。

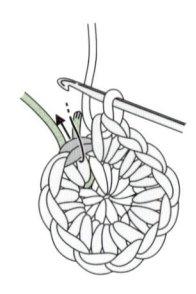

3. 2段めが編めました。3段めの1目めは矢印の目に針を入れます。

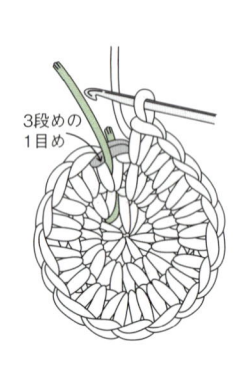

4. 糸印を後ろから手前に出して、前段の1目から「2目・1目」をくり返して3段めを編みます。

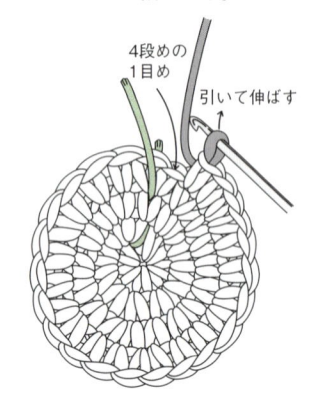

5. 4段めまで編めました。針にかかるループを引いて伸ばします。

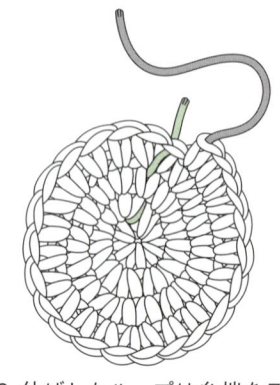

6. 伸ばしたループは糸端を7〜8cm残して切ります。

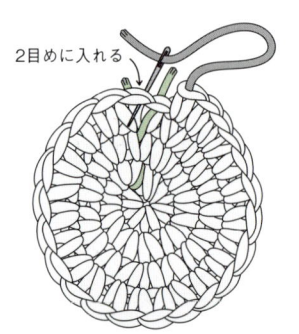

7. 糸端をとじ針に通して2目めの細編みの頭に向こう側から針を入れます。

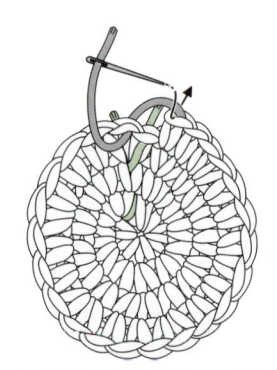

8. 糸を引き、編み終わりの目の中心に針を入れます。

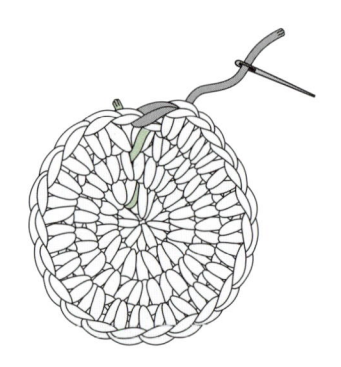

9. 鎖1目の大きさに糸を引いて段の境い目をつなぎます。

◆ ビーズ編み

鎖編み

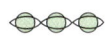

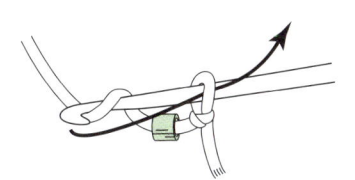

1. ビーズを寄せ、針に糸をかけて引き抜きます。

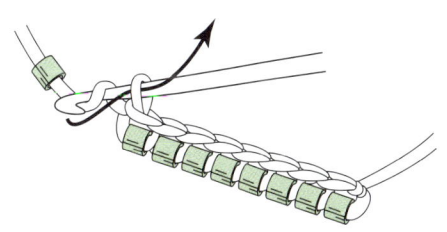

2. ビーズは鎖目の裏山に入ります。ビーズを入れずに編めば鎖目になります。

細編み

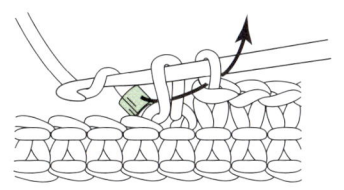

1. 前段の目から糸を引き出してビーズを寄せ、針に糸をかけて引き抜きます。

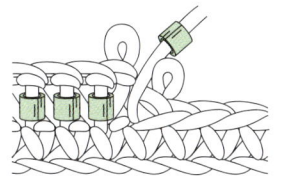

2. ビーズは編み地の裏側に出ます。

長編み（ビーズ1個）

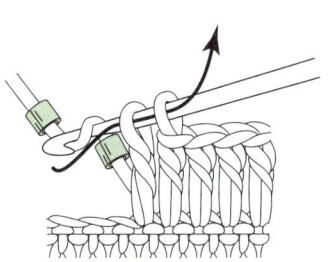

1. 針に糸をかけて引き出し、さらに糸をかけて2ループを引き抜いてからビーズを寄せます。もう一度糸をかけて針に残る2ループを引き抜きます。

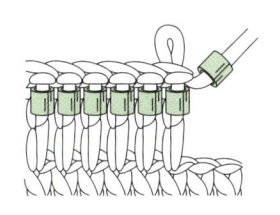

2. ビーズは編み地の裏側に出ます。

長編み（ビーズ2個）

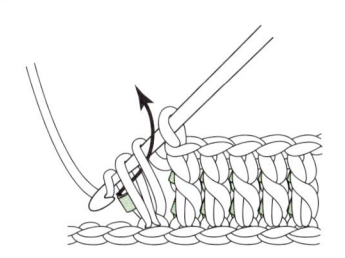

1. 前段の目から糸を引き出し、ビーズを寄せてから糸をかけて2ループを引き抜きます。

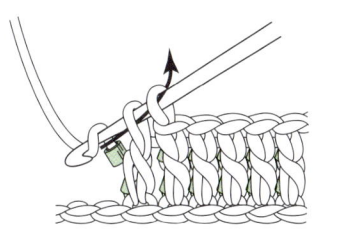

2. もう一度ビーズを寄せてから針に糸をかけて残りの2ループを引き抜きます。

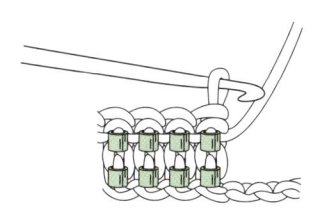

3. ビーズはたてに2個並んで裏側に出ます。

Technical Guide　かぎ針編み記号と編み方

引き抜き編み
●

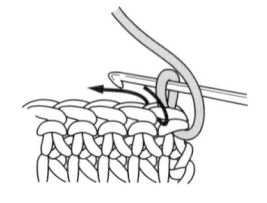

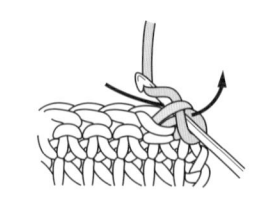

1. 前段の目に矢印のように針を入れます。
2. 針に糸をかけて引き抜きます。
3. 1目引き抜きました。隣りの目に針を入れます。
4. 2,3をくり返して編みます。

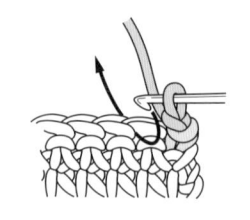

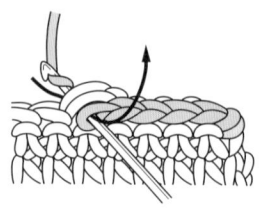

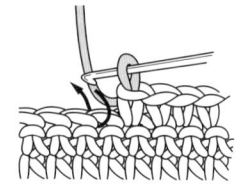

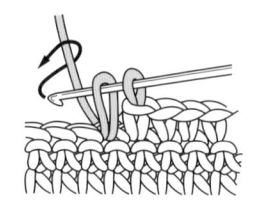

細編み
十

1. 前段の目に矢印のように針を入れます。
2. 糸を引き出し、矢印のように針に糸をかけます。
3. かけた糸を矢印のように引き抜きます。
4. 細編みが編めました。

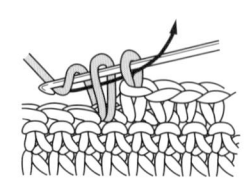

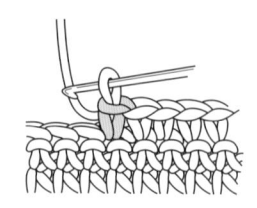

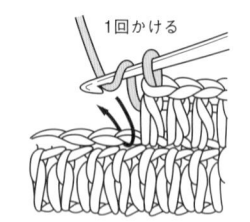

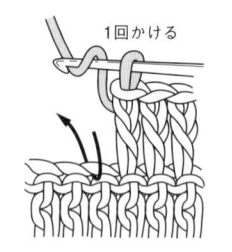

中長編み
T

1回かける

1度に引き抜く

1. 針に糸をかけ、前段の目に矢印のように針を入れます。
2. 糸を引き出し、針に糸をかけます。
3. 針にかかる3ループを一度に引き抜きます。
4. 中長編みが編めました。

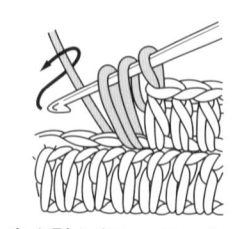

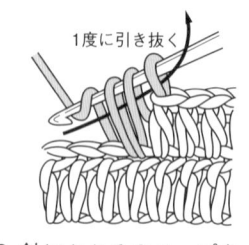

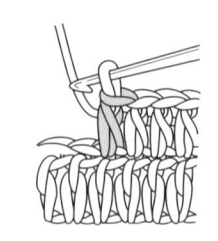

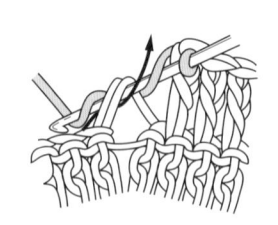

長編み
T

1回かける

1. 針に糸をかけ、前段の目に矢印のように針を入れます。
2. 糸を引き出します。
3. 針にかかる2ループを引き抜きます。
4. もう一度2ループを引き抜いて長編みの完成です。

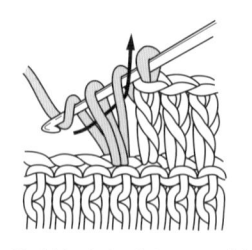

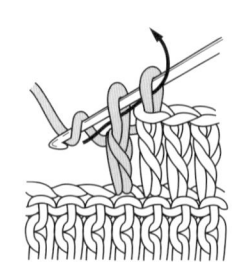

細編みのすじ編み
十

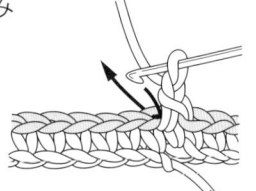

1. 前段の目の向こう側半目に針を入れて細編みを編みます。
2. 矢印のように針を入れて段の終わりまで編みます。
3. 常に向こう側半目を拾って編み進めます。編み地の表側に毎段すじが出ます。

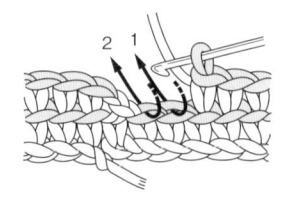

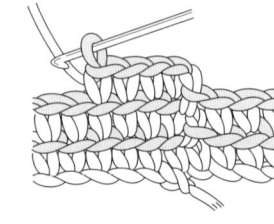

細編み2目編み入れる

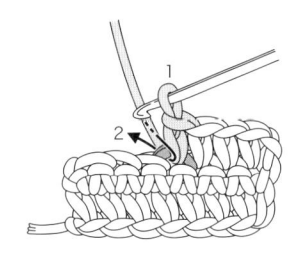

1. 前段の目に細編みを1目編みます。 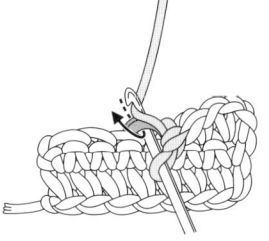
2. 1と同じ目に針を入れて糸を引き出します。 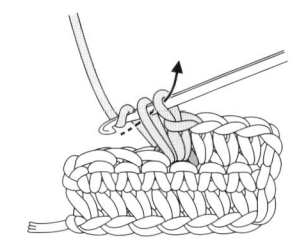
3. 糸をかけて針にかかる2ループを引き抜きます。 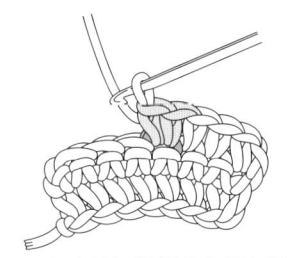
4. 1目に細編み2目を編み入れました。

長編み2目編み入れる

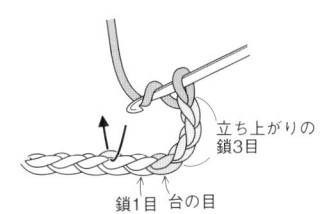

1. かぎ針に糸をかけ、鎖の裏山に針を入れて長編みを編みます。
2. 針に糸をかけて1と同じ目に針を入れて糸を引き出します。 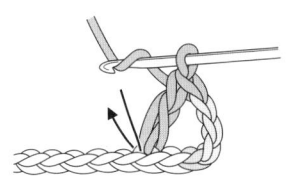
3. 矢印のように2ループずつ引き抜いて長編みを編みます。 
4. 1目に長編み2目を編み入れました。 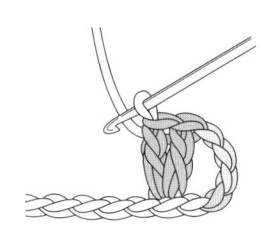

引き抜きはぎ

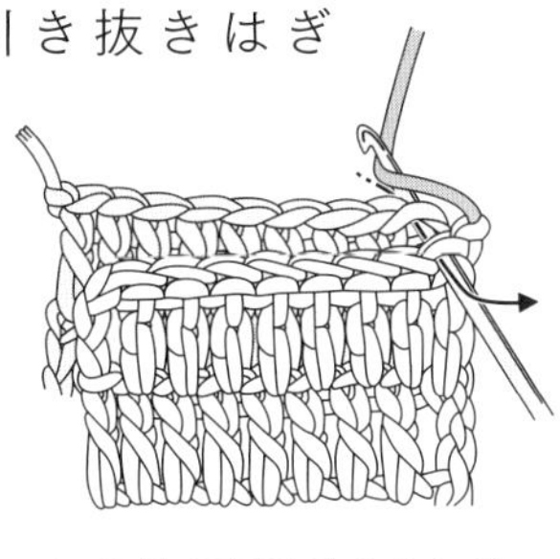

1. 2枚の編み地を合わせ、片方の編み地の編み終わりの糸端を引き出します。
2. 編み地2枚に一緒に針を入れ、糸をかけて引き出します。 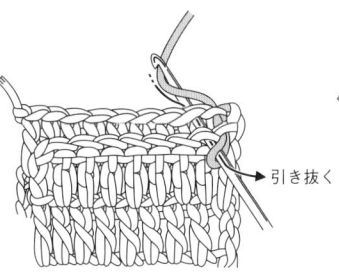
3. 編み終わりの目に1目ずつ針を入れて引き抜いていきます。 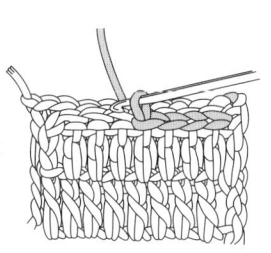
4. 最後はもう一度糸をかけて引き抜き、目を引き締めます。 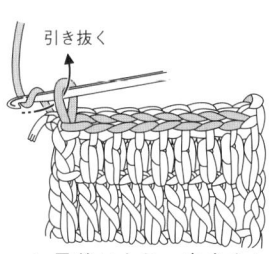

巻きかがり

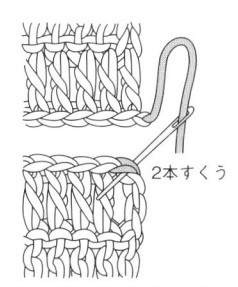

1. 編み地の表側を2枚つき合わせに持ち、編み目の頭2本をすくいます。
2. 向こう側から手前に1目ずつに針を入れます。 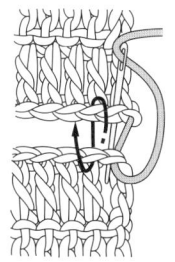
3. 最後は同じ目に針を入れます。

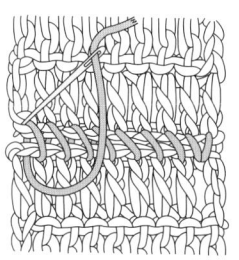

松本かおる

女子美術大学にて染織を学ぶ。舞台美術の仕事に携わった後、
ヴォーグ学園の編み物指導養成講座にてニットを学ぶ。
手芸関係の雑誌や書籍に手編みを中心とした作品を掲載。
著書「かぎ針で編む　松本かおるのロマンティックレースとこもの」
(朝日新聞出版刊)

[Staff]
撮影／落合里美（口絵）　森谷則秋（目次・プロセス）
スタイリング／井上輝美
ブックデザイン／寺山文恵
トレース／谷川啓子
編集協力／井出智子　西田千尋（feve et feve）　大前かおり
編集担当／鈴木博子

[撮影協力]
AWABEES
渋谷区千駄ヶ谷 3-50-11 明星ビルディング 5F　TEL.03-5786-1600
UTUWA
渋谷区千駄ヶ谷 3-50-11 明星ビルディング 1F　TEL.03-6447-0070

[用具・素材協力]
株式会社 MIYUKI
広島県福山市御幸町上岩成 749 番地　TEL.084-972-4747
http://www.miyuki-beads.co.jp
ディー・エム・シー株式会社
東京都千代田区神田紺屋町 13 番地 山東ビル 7 階
TEL.03-5296-7831　http://www.dmc-kk.com
藤久株式会社
名古屋市名東区高社 1-210　TEL.0120-478020
http://www.crafttown.jp
手芸用品通販サイト「シュゲール」http://www.shugale.com
クロバー株式会社
大阪府大阪市東成区中道 3-15-5　TEL.06-6978-2277
http://www.clover.co.jp

●万一、落丁本、乱丁本がありましたら、小社販売部までご連絡ください。
●印刷物のため、実際の色とは色調が異なる場合があります。
●本書の複写にかかる複製、上映、譲渡、公衆送信（送信可能化を含む）
の各権利は株式会社日本ヴォーグ社が管理の委託を受けています。
JCOPY ＜(社)出版者著作権管理機構 委託出版物＞
本書の無断複写は著作権法上での例外を除き禁じられています。
複写される場合は、そのつど事前に、(社)出版者著作権管理機構（電話 03-
3513-6969、FAX 03-3513-6979、e-mail: info@jcopy.or.jp）の許諾を得てく
ださい。

あなたに感謝しております　We are grateful.

手づくりの大好きなあなたが、
この本をお選びくださいましてありがとうございます。
内容はいかがでしたでしょうか？
本書が少しでもお役に立てば、こんなにうれしいことはありません。
日本ヴォーグ社では、手づくりを愛する方とのおつき合いを大切にし、
ご要望におこたえする商品、サービスの実現を常に目標としています。
小社及び出版物について、何かお気付きの点やご意見がございまし
たら、何なりとお申し出ください。
そういうあなたに、私共は常に感謝しております。
　　　　　　　　　株式会社日本ヴォーグ社社長　瀬戸信昭
　　　　　　　　　　　　　　　　　FAX 03-3269-7874

日本ヴォーグ社関連情報はこちら
(出版、通信販売、通信講座、スクール・レッスン、自費出版)

http://www.tezukuritown.com/　［手づくりタウン］［検索］

作り方レシピをゲット!
「手づくりタウンのレシピ屋さん」
手づくりタウンの便利な機能「手づくりタウンのレシピ屋さん」は、
検索条件を選ぶだけでお目当ての作品がすぐに見つかります。
欲しいレシピが1点から購入OK! 無料レシピもいっぱい!
［手づくりタウンのレシピ屋さん］［検索］

細編みでぐるぐる
ビーズ編みのがま口とこもの

発行日／2014年5月29日　第1刷
　　　　2014年8月 6日　第3刷
発行人／瀬戸信昭
編集人／森岡圭介
発行所／株式会社日本ヴォーグ社
〒162-8705　東京都新宿区市谷本村町 3-23
電話／販売 03-5261-5081　編集 03-5261-5084
振替／00170-4-9877
出版受注センター／TEL.03-6324-1155　FAX.03-6324-1313
印刷所／大日本印刷株式会社
Printed in Japan ©Kaoru Matsumoto 2014
ISBN978-4-529-05292-4
C5077

立ち読みもできるウェブサイト［日本ヴォーグ社の本］
http://book.nihonvogue.co.jp/